Caterina Quintini

Holocaust Education in der Grundschule

Freiburger Studien zur Politikdidaktik

herausgegeben von
Apl. Prof. Dr. Hans-Peter Burth/
Prof. Dr. Volker Reinhardt

Band 4

Caterina Quintini

Holocaust Education in der Grundschule

Historisch-politisches Lernen im sozialwissenschaftlichen Sachunterricht

Verlag Barbara Budrich
Opladen • Berlin • Toronto 2024

Bibliografische Information der Deutschen Nationalbibliothek
Die Deutsche Nationalbibliothek verzeichnet diese Publikation in der Deutschen Nationalbibliografie; detaillierte bibliografische Daten sind im Internet über https://portal.dnb.de/ abrufbar.

Gedruckt auf FSC®-zertifiziertem Papier, CO_2-kompensierte Produktion

Stauffenbergstr. 7 | D-51379 Leverkusen | info@budrich.de
www.budrich-academic-press.de

ISBN 978-3-96665-057-1 (Paperback)
eISBN 978-3-96665-943-7 (eBook)
DOI 10.3224/96665057

Umschlaggestaltung: Bettina Lehfeldt, Kleinmachnow – www.lehfeldtgraphic.de
Satz: Angelika Schulz, Zülpich
Druck: Libri Plureos, Hamburg
Printed in Europe

Geleitwort

Mit dem Terrorangriff der Hamas auf Israel am 07.10.2023 begann ein weiterer Krieg zwischen Israel und Palästina, der seither zu zahllosen Opfern auf beiden Seiten geführt hat. Die Reaktionen hierzulande auf den Terrorangriff der Hamas und auf den Krieg machen deutlich, dass der Antisemitismus, der nun schon seit Jahren in Deutschland zum gesellschaftlichen Alltag gehört, inzwischen zu einer eklatanten Bedrohung der Sicherheit jüdischen Lebens und des friedlichen gesellschaftlichen Zusammenlebens in Deutschland geworden ist.

Vor diesem Hintergrund ist eine didaktisch fundierte Auseinandersetzung mit den Themen Nationalsozialismus und Holocaust in den Schulen von umso größerer Bedeutung. Dass eine solche aufklärende Holocaust-Erziehung bereits in der Grundschule ihren Sinn und ihre Berechtigung hat, zeigt die hier vorgestellte Untersuchung von Caterina Quintini aus dem Jahr 2021, die aufgrund einiger Hindernisse erst jetzt publiziert werden kann, aber an Aktualität sogar noch zugenommen hat.

Vor dem Hintergrund der didaktischen Grundlagen des historisch-politischen Lernens im Sachunterricht setzt sich die Autorin zunächst kritisch mit vorliegenden empirischen Studien zu den Voraussetzungen und Möglichkeiten der Vermittlung der Themen Nationalsozialismus und Holocaust in der Grundschule auseinander. Im Anschluss wählt die Verfasserin geeignete didaktische Prinzipien für die Thematisierung des Holocaust in der Grundschule aus. Auf dieser Grundlage entwickelt Frau Quintini unter Verwendung von erprobten Lehrmaterialien des Anne Frank Zentrums dann eine eigene tragfähige Unterrichtskonzeption für das Lernen über den Holocaust, die den emotionalen Voraussetzungen und kognitiven Möglichkeiten der Grundschülerinnen und Grundschüler gerecht wird. So wird gewährleistet, dass die Grundschulkinder an die schwierigen Themen Nationalsozialismus und Holocaust herangeführt, aber nicht emotional überfordert werden.

Die Studie von Caterina Quintini bietet somit eine gleichermaßen didaktisch reflektierte wie praktikable Grundlage für die so wichtige Holocaust-Erziehung im Sachunterricht der Grundschule. Es ist zu wünschen, dass die hier entwickelte Unterrichtskonzeption für den Sachunterricht zur Holocaust-Erziehung zahlreiche Anwendung findet.

Wir danken dem Anne Frank Zentrum für die freundliche Erlaubnis zur Verwendung der Lehrmaterialien.

Freiburg, im Januar 2024 Hans-Peter Burth & Volker Reinhardt

Inhaltsverzeichnis

Der Anhang steht auf der Webseite des Verlages zum kostenlosen Download zur Verfügung: https://doi.org/10.3224/96665057A.

Einleitung

> „Lieber Herr Kralovitz, wir möchten zum Anfang uns Bedanken, dass wir Ihnen Fragen stellen dürfen. Wir hoffen, dass wir Sie mit unseren Fragen nicht verletzen oder traurig machen. In den letzten 5 Wochen haben wir uns mit dem Thema Nazi-Zeit beschäftigt. Aber vieles ist für uns kaum vorstellbar. Wir beschäftigen uns mit dem Thema, weil viele aus unserer Klasse Ausländer sind und einige schon bedroht wurden. Wir möchten verhindern, dass so etwas, wie die Nazi-Zeit noch einmal passiert.“ (Auszug aus dem Interview der Ponyklasse 1994).[1]

Mit diesen Worten beginnt ein Schüler aus der Ponyklasse in Gießen das Interview mit dem Holocaust-Überlebenden Rolf Kralovitz, der als junger Häftling als einziger seiner Familie das Konzentrationslager Buchenwald überlebte. Anschließend bitten vier weitere Kinder im Alter von 9 bis 12 Jahren Rolf Kralovitz, von der Zeit zu erzählen, in der er genauso alt war, wie die Kinder der Ponyklasse. Die Kinder wollen wissen, wie es ihm im Konzentrationslager (KZ) erging, wer ihn aus diesem befreite und wie sein Leben danach weiterging. Die letzte Frage der Kinder lautet:

> „Was können wir Kinder Ihrer Meinung nach tun, damit so etwas nicht noch einmal passiert? Damit jeder in Deutschland ohne Angst leben kann?“ (vgl. ebd. 00:01:36 – 00:01:44).

Daraufhin beginnt Rolf Kralovitz zu erzählen, von dem Tag an, an dem er plötzlich auf eine andere Schule gehen musste, nicht mehr wie die anderen Kinder ins Schwimmbad durfte und wie er beim Fußballspielen von seinen Kumpels verschlagen wurde. Er erzählt von der schweren Arbeit im Lager und dem ständigen Hunger, aber auch von den Menschen, die ihm geholfen haben und dem Moment der Befreiung, den er erst Wochen später wirklich begreifen konnte. Er beantwortet alle Fragen der Kinder und weiß nur bei der letzten Frage keine eindeutige Antwort zu geben (ebd. 00:58:45–01:01:56). Die Zeitzeugenerzählung von Rolf Kralovitz bildet den Abschluss einer ausführlich dokumentieren Unterrichtseinheit zum Nationalsozialismus, die Rita Rohrbach bereits im Jahre 1994 mit einer Grundschulklasse in Gießen durchführte (Rohrbach 2005). Erstaunlich dabei ist, dass ihr Unterrichtsprojekt stattfand, ehe es einen breiten fachdidaktischen Diskurs zu dem Spannungs-

1 Die Kassette der Interviewaufnahme hat Frau Rohrbach digitalisieren lassen und mir als Datei zugänglich gemacht. Eine nicht wortgetreue Transkription der Lebensgeschichte findet sich in Rohrbach 2005 (S. 347–363). Im Online-Anhang dieser Arbeit findet sich die wortgetreue Transkription von dem Interview, um die Erzählstruktur des Zeitzeugen besser nachvollziehen zu können.

feld Holocaust und Kinder gab. Sind Kinder in der Lage, solchen Erzählungen zu folgen, können sie verstehen, was „damals“ passiert ist oder führen solche Erzählungen nicht doch zur befürchteten Abwehrhaltung, die auch einen späteren Zugang zu diesem Thema verwehrt? Inwiefern können, sollen, dürfen oder vielleicht sogar müssen Zugänge zu diesem Kapitel der deutschen Vergangenheit für junge Lernende, sprich Kinder ab der dritten Grundschulklasse zugänglich gemacht werden?

Der Beginn der fachdidaktischen Diskussion über eine frühe Thematisierung des Holocaust und Nationalsozialismus wird in der in Hamburg 1997 stattgefundenen internationalen Tagung mit dem Titel ***„Der Holocaust. Ein Thema für Kindergarten und Grundschule?“*** (Heyl und Moysich 1998) gesehen. In den nachfolgenden zehn Jahren wurden verschiedene empirische Studien durchgeführt, die Vorwissen, Verarbeitungsstrukturen und Interesse junger Lernender zu Nationalsozialismus und Holocaust untersuchten, um darauf aufbauend didaktische Prinzipien für eine Thematisierung in der Schule abzuleiten. Eine qualitative Studie von Klätte (2012a) zeigt, dass die Mehrheit aller Viertklässler*innen in Berlin und Nordrhein-Westfalen den Themen „Holocaust und Nationalsozialismus“ im Unterricht begegnet, obwohl sich die verpflichtende Verankerung erst in den Curricula für die Sekundarstufe findet. Diese Arbeit möchte den Fragen nachgehen, warum und wann eine Thematisierung mit jungen Lernenden sinnvoll ist und wie diese aussehen kann. Der Ort einer Thematisierung in der Primarstufe ist dabei das allgemeinbildende Fach Sachunterricht. Im ersten Kapitel dieser Arbeit soll daher eine konzeptionelle Einordung des sozialwissenschaftlichen Sachunterrichts stattfinden. Dabei werden die Bildungsziele und Aufgaben des Sachunterrichts, insbesondere des historisch-politischen Lernens in der Grundschule, näher bestimmt. Im zweiten Kapitel findet zunächst eine allgemeine Betrachtung des gesamtgesellschaftlichen Umgangs mit der NS-Vergangenheit statt sowie eine Einordnung des Holocaust und Nationalsozialismus als historisch-politischer Lerngegenstand (Kapitel 2.1 und 2.2), um dann den Diskurs um eine Thematisierung in der Grundschule nachzuzeichnen (Kapitel 2.3). Infolgedessen sollen empirische Studien angeschaut werden, die das Interesse, Vorwissen und Vorstellungen von Grundschulkindern zum Thema NS-Zeit und Holocaust in den Blick nehmen (Kapitel 2.4). Nachdem betrachtet wurde, weshalb eine Thematisierung in der Grundschule stattfindet, beschäftigt sich das vierte Kapitel mit den Fragen der Lerninhalte und den Möglichkeiten der Vermittlung. Aufbauend auf fachdidaktischen Vorüberlegungen wird hierbei eine eigene Unterrichtseinheit konzipiert. Abschließend werden die wichtigsten Erkenntnisse und Überlegungen im Fazit zusammengefasst.

1 Konzeptionelle Einordnung des historisch-politischen Lernens in den sozialwissenschaftlichen Sachunterricht der Grundschule

1.1 Zur Didaktik des Sachunterrichts

Der Sachunterricht leistet einen zentralen Beitrag zur grundlegenden Bildung, die als ein konstituierendes Merkmal für die Identität eines Menschen gesehen wird (vgl. Gesellschaft für Didaktik des Sachunterrichts 2013, S. 9)[2]. Das Lernen im Sachunterricht soll an den Vorerfahrungen und dem Vorwissen der Kinder anknüpfen, um die Schüler*innen darin zu unterstützen, „[…] ihre natürliche, kulturelle, soziale und technische Umwelt sachbezogen zu verstehen, sie sich auf dieser Grundlage bildungswirksam zu erschließen und sich darin zu orientieren, mitzuwirken und zu handeln“ (ebd.). Der Sachunterricht trägt „[…] durch eine wissend-reflektierte Auseinandersetzung mit der Lebenswelt“ zur Persönlichkeitsentwicklung der Kinder und dazu, dass Entscheidungen auf Grundlage eines verantwortungsvoll genutzten Wissens geschehen, bei (vgl. Hartinger 2013, S. 25). Mit den zentralen didaktischen Prinzipien der Lebenswelt- und Handlungsorientierung ist der Sachunterricht das einzige schulische Fach, in dem es direkt um die Lebenswelt und das Handeln geht (vgl. ebd.). Damit hat der Sachunterricht einen anspruchsvollen Bildungsauftrag, der eine hohe Lehrprofessionalität erfordert, um das Fach dementsprechend auszugestalten. Das Bildungsverständnis des Sachunterrichts bedient sich am Bildungsbegriff Klafkis (Klafki 1992, o.A. zit. nach Hartinger 2013, S. 27): „Zur Bildung gehört, dass ein Bewusstsein für zentrale Probleme der Gegenwart (und mögliche Probleme der Zukunft) aufgebaut wird und dass man die Bereitschaft entwickelt, an deren Lösung aktiv mitzuarbeiten.“ Der Bildungsbegriff dient als übergreifende pädagogische Zielorientierung, um Orientierungs- und Beurteilungskriterien für pädagogische Maßnahmen zu liefern (vgl. Klafki 2007, S. 44).

Um diesem Bildungsverständnis gerecht zu werden, ist eine Vernetzung und Verbindung einzelner Perspektiven im Sachunterricht unerlässlich (vgl.

2 Zur vereinfachten Lesbarkeit wird die „Gesellschaft für Didaktik des Sachunterrichts“ im weiteren Text mit GDSU abgekürzt.

Hartinger 2013, S. 27). Das Fach Sachunterricht wird zwar in den verschiedenen Bundesländern unterschiedlich bezeichnet, ist aber in allen Bundesländern als vielperspektivisches Fach ausgelegt, das gleichermaßen naturwissenschaftliche, technische, gesellschaftswissenschaftliche, geografische und historische Inhalte und Themen umfasst (ebd. S. 26). Die Vielperspektivität des Sachunterrichts spiegelt sich auch im Kompetenzmodell des Perspektivrahmens wider (Abb. 1).

Kompetenzen werden von der GDSU „als Leistungsdispositionen zur Bewältigung von Anforderungen, die ihren Niederschlag in der Performanz und damit in der Fähigkeit des (kompetenten und verantwortungsvollen) Handelns in variablen Situationen finden", bezeichnet (ebd. S. 12). Diese Auffassung von Kompetenzen impliziert sowohl kognitive und praktische Fähigkeiten als auch motivationale, volitionale und soziale Komponenten (vgl. ebd.). Im kompetenten Handeln kommen anwendungsfähiges Wissen über Inhaltsbereiche (eher deklarative Komponente) sowie spezifische Denk-, Arbeits-, und Handlungsweisen (als eher prozedurale Komponenten) zum Vorschein. Daher berücksichtigt das Kompetenzmodell auch zwei Dimensionen: eine eher inhaltliche Dimension als deklarative Komponente in Form von Themen, Fragestellungen und Konzepten und eine Dimension, die eher die prozeduralen Fähigkeiten in Form von Denk-, Arbeits- und Handlungsweisen umfasst (vgl. ebd.). Diese Trennung ist heuristisch, in der konkreten Umsetzung sind deklarative und prozedurale Dimensionen immer zusammen zu denken (vgl. ebd.). Beide Dimensionen werden zudem perspektivenbezogen und perspektivenübergreifend ausgearbeitet (ebd. S. 13). Die perspektivenübergreifenden Denk-, Arbeits-, und Handlungsweisen verweisen auf grundlegende Zielhorizonte des sachunterrichtlichen Lehrens und Lernens, die auf zentrale Fähigkeiten zum Erschließen der Lebenswelt (*erkennen/verstehen; eigenständig erarbeiten; evaluieren/reflektieren; kommunizieren/zusammenarbeiten; den Sachen interessiert begegnen; umsetzen/handeln*) verweisen und sich daher durch alle fünf Perspektiven des Sachunterrichts ziehen. Zur Spezifizierung sind für jede der fünf Perspektiven (*sozialwissenschaftliche, naturwissenschaftliche, geografische, historische und technische Perspektive*) konkrete perspektivenbezogene Themenbereiche sowie perspektivenbezogene Denk-, Arbeits-, und Handlungsweisen formuliert, die durch die spezifischen Fachbereiche beeinflusst werden (vgl. ebd. S. 14).

Im Sachunterricht soll den Kindern das Erschließungspotenzial der einzelnen Perspektiven nähergebracht werden und gleichzeitig verdeutlicht werden, dass diese immer nur eine sinnvolle Form des Ordnens und Deutens der Welt darstellen können (vgl. ebd.). Die Fragestellungen und Probleme der Welt erfordern jedoch meist eine Betrachtung aus verschiedenen Perspektiven und die Berücksichtigung unterschiedlicher Denk- und Arbeitstraditionen (ebd.). In der Unterrichtspraxis sind die Grenzen zwischen den Perspektiven

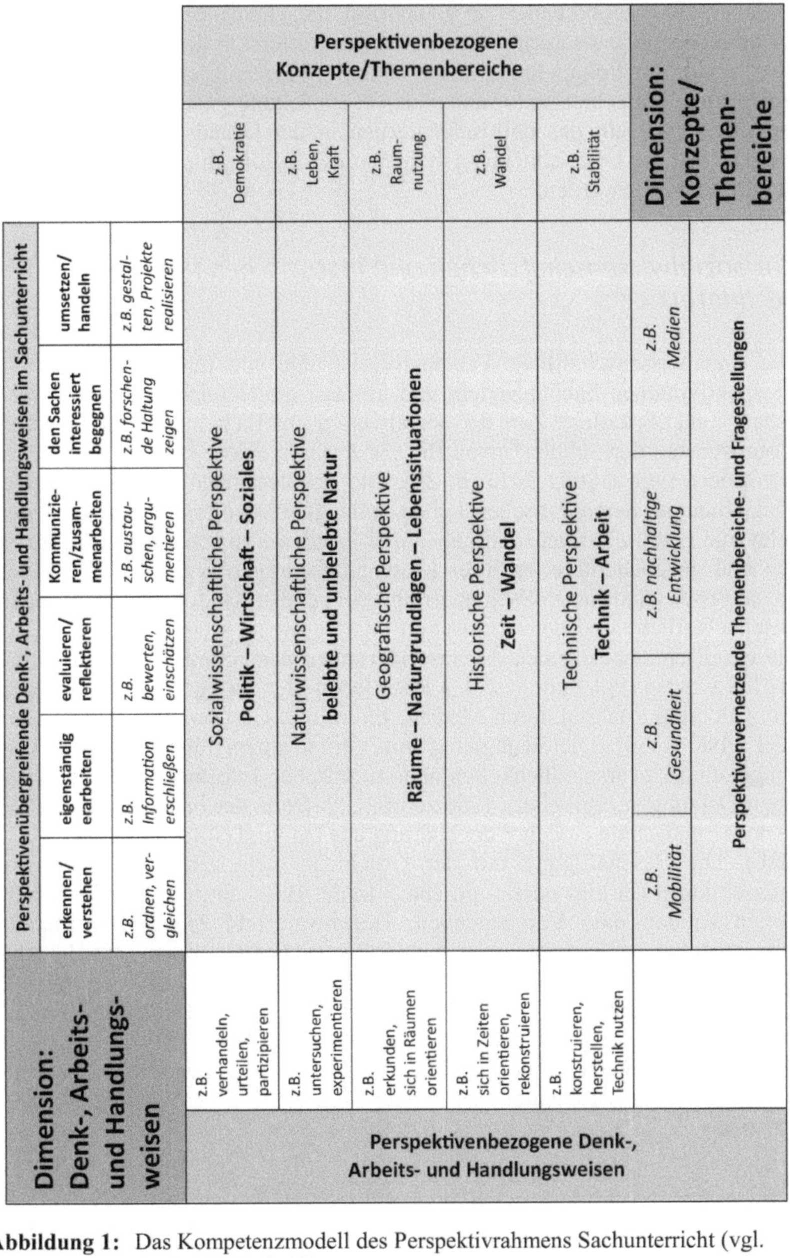

<table>
<tr><td colspan="2" rowspan="3">Dimension: Denk-, Arbeits- und Handlungsweisen</td><td colspan="6">Perspektivenübergreifende Denk-, Arbeits- und Handlungsweisen im Sachunterricht</td><td colspan="2" rowspan="3"></td></tr>
<tr><td>erkennen/ verstehen</td><td>eigenständig erarbeiten</td><td>evaluieren/ reflektieren</td><td>Kommunizieren/zusammenarbeiten</td><td>den Sachen interessiert begegnen</td><td>umsetzen/ handeln</td></tr>
<tr><td>z.B.
ordnen, vergleichen</td><td>z.B.
Information erschließen</td><td>z.B.
bewerten, einschätzen</td><td>z.B. austauschen, argumentieren</td><td>z.B. forschende Haltung zeigen</td><td>z.B. gestalten, Projekte realisieren</td></tr>
<tr><td rowspan="7">Perspektivenbezogene Denk-, Arbeits- und Handlungsweisen</td><td>z.B.
verhandeln, urteilen, partizipieren</td><td colspan="6">Sozialwissenschaftliche Perspektive
Politik – Wirtschaft – Soziales</td><td>z.B.
Demokratie</td><td rowspan="5">Perspektivenbezogene Konzepte/Themenbereiche</td></tr>
<tr><td>z.B.
untersuchen, experimentieren</td><td colspan="6">Naturwissenschaftliche Perspektive
belebte und unbelebte Natur</td><td>z.B.
Leben, Kraft</td></tr>
<tr><td>z.B.
erkunden, sich in Räumen orientieren</td><td colspan="6">Geografische Perspektive
Räume – Naturgrundlagen – Lebenssituationen</td><td>z.B.
Raumnutzung</td></tr>
<tr><td>z.B.
sich in Zeiten orientieren, rekonstruieren</td><td colspan="6">Historische Perspektive
Zeit – Wandel</td><td>z.B.
Wandel</td></tr>
<tr><td>z.B.
konstruieren, herstellen, Technik nutzen</td><td colspan="6">Technische Perspektive
Technik – Arbeit</td><td>z.B.
Stabilität</td></tr>
<tr><td rowspan="2"></td><td>z.B.
Mobilität</td><td colspan="2">z.B.
Gesundheit</td><td>z.B. nachhaltige Entwicklung</td><td colspan="2">z.B.
Medien</td><td colspan="2" rowspan="2">Dimension: Konzepte/ Themenbereiche</td></tr>
<tr><td colspan="6">Perspektivenvernetzende Themenbereiche- und Fragestellungen</td></tr>
</table>

Abbildung 1: Das Kompetenzmodell des Perspektivrahmens Sachunterricht (vgl. GDSU 2013, S. 13)

in der Regel fließend und es ist gewünscht, die Themenbereiche sowohl perspektivenbezogen als auch perspektivenübergreifend in den Blick zu nehmen (vgl. ebd.). Im Folgenden soll die sozialwissenschaftliche und historische Perspektive betrachtet und miteinander in Beziehung gesetzt werden. Darauf aufbauend soll auf das politische Lernen in der Grundschule eingegangen werden und die Überschneidungsbereiche des historisch-politischen Lernens herausgearbeitet werden.

Zur sozialwissenschaftlichen und historischen Perspektive des Sachunterrichts

Die sozialwissenschaftliche Perspektive ist eine von fünf Perspektiven im Perspektivrahmen Sachunterricht und umfasst die Bereiche ‚Politik', ‚Wirtschaft' und ‚Soziales'. Ziel der sozialwissenschaftlichen Perspektive ist es, Kompetenzen der Schüler*innen für das Zusammenleben in der Demokratie zu fördern (vgl. GDSU 2013, S. 27). Die Schüler*innen sollen zur aktiven Teilnahme am demokratischen Leben befähigt werden und in der Lage sein, relevante gesellschaftliche Aufgaben und Probleme zu erkennen, zu reflektieren und gegebenenfalls zu ihrer Lösung beizutragen (vgl. ebd. S. 28). Im sozialwissenschaftlichen Sachunterricht soll bei den Kindern das Interesse für gesellschaftliche und demokratische Fragen geweckt werden. Dabei müssen die gesellschaftsbezogenen Alltagserfahrungen der Grundschulkinder aufgegriffen werden (vgl. ebd. S. 29). Kinder leben in einer „geschichtsgesättigten Umwelt" und erfahren durch Medien, Eltern und Geschwistern von „früher" (vgl. ebd. S. 56). Die Begegnung mit Vergangenem führt bei Kindern zu Fragen und Unverständlichkeiten oder zu falschen Informationen und einseitigen Deutungen (vgl. ebd.). Eine zentrale Aufgabe des historischen Lernens in der Grundschule ist daher die Klärung des Un- und Missverstandenen (vgl. ebd.). Die Beschäftigung mit der Geschichte geht zentralen Fragen des menschlichen Daseins nach (vgl. ebd.). In der Beschäftigung mit Geschichte lernen Kinder, dass Vergangenheit, Gegenwart und Zukunft miteinander zusammenhängen und verstehen, dass früheres Handeln (oder nicht Handeln) heutiges Leben beeinflusst (vgl. ebd.). Darüber hinaus kann eine gezielte Auseinandersetzung mit Geschichte die Erfahrungs- und Denkmöglichkeiten von Kindern bereichern (vgl. ebd.). Aus diesen Gründen ist die historische Perspektive auch im Sinne eines perspektivenvernetzenden Sachunterrichts als unmittelbarer Bestandteil des sozialwissenschaftlichen Sachunterrichts zu verstehen.

1.2 Grundprinzipien politischer Bildung

„Grundschulkinder sollen ein Verständnis von dem ‚Geworden-Sein' der Welt erwerben. Sie sollen lernen, dass die soziale, wirtschaftliche und politische Welt gestaltbar ist, dass Selbstbestimmung und Mitbestimmung erforderlich ist" (Baumgardt 2013, S. 184).

Übergeordnetes Bildungsziel von Schule ist die Mündigkeit der Schüler*innen: „Als mündig wird nicht derjenige [bezeichnet], der sich frei verhält, sondern derjenige, der sich verantwortlich entscheidet und hiernach [zu] handeln vermag" (Detjen 2013, S. 212). Für das politische Lernen und die spezifischen Kompetenzen der politischen „Urteils- und Handlungskompetenz" wird auch von politischer Mündigkeit gesprochen. Durch das übergeordnete Ziel der Mündigkeit ist politische Bildung im weiteren Sinne ein Unterrichtsprinzip, das den politischen Charakter der Allgemeinbildung[3] insgesamt beschreibt (vgl. Reeken 2012, S. 29). Im engeren Sinne verweist politische Mündigkeit auf die Leitidee politischen Lernens mit dem Ziel des „Auf- und Ausbau[s] eines rationalen ‚Politikbewusstseins', das nicht nur aus Wissen und Fähigkeiten besteht, sondern auch Einstellungen und Verhaltensweisen beinhaltet und in der Persönlichkeit des Subjekts verankert ist" (Reeken 2012, S. 30). Das Bewusstsein bezeichnet den geistigen Ort, an dem der Mensch Wirklichkeitsvorstellungen aufbaut und subjektive Vorstellungen über die Wirklichkeit aufbewahrt (vgl. Heidemeyer und Lange 2010, S. 221). Politikbewusstsein lässt sich als der Bereich begreifen, in dem Menschen „politisch-gesellschaftliche Gesamtvorstellungen" (Giesecke 1973, S. 148 zit. nach ebd.) ausbilden. Im Politikbewusstsein reduziert der Mensch die Komplexität der erlebten Wirklichkeit durch mentale Modelle, die erkenntnisbezogene und handlungsbezogene Funktionen haben. Die mentalen Modelle erklären und strukturieren die vorgefundene Wirklichkeit, sie „produzieren politischen Sinn" und ermöglichen dadurch Orientierung und Handeln in der Gesellschaft (vgl. Heidemeyer und Lange 2010, S. 221). Das Politikbewusstsein ist Produzent von Vorstellungen über politische Herrschaft und es braucht politische Sinnbildung, um die Vorstellungen über Herrschaft zu legitimieren (vgl. Lange 2004, S. 43). Lange unterscheidet dabei zwischen zwei Grundtypen politischer Sinnbildung: dem demokratischen und dem autokratischen Sinnbildungstyp (ebd. S. 49). Politisches Denken legitimiert demnach entweder die Demokratie oder die Autokratie als Herrschaftsform. Die Legitimität von Demokratie basiert auf dem Glauben an die mündigen Bürger*innen, die zur politischen Selbstbestimmung fähig sind, während die

3 Hier wird der Allgemeinbildungsbegriff im Sinne Wolfgang Klafkis angeführt, der „Bildung als Befähigung zur vernünftigen Selbstbestimmung, die die Emanzipation von Fremdbestimmung voraussetzt oder einschließt, als Befähigung zur Autonomie, zur Freiheit eigenen Denkens und eigener moralischer Entscheidungen" bezeichnet (Klafki 2007, S. 19).

Autokratie die Vorstellung von hörigen Untertan*innen legitimiert, die zum selbständigen Gebrauch ihres Verstandes unfähig sind und deswegen politisch fremdbestimmt werden müssen (vgl. ebd. S. 47). Ziel heutiger politischer Bildung ist es, ein Politikbewusstsein auszubilden, das demokratische Herrschaftsprozesse legitimiert. Die im Politikbewusstsein aufgebauten Vorstellungen von der Wirklichkeit werden als prozessual, also als ständig veränderbar angesehen (vgl. Heidemeyer und Lange 2010, S. 222). Entsprechend wird politisches Lernen als ein lebenslanger Prozess der Erweiterung und Erneuerung des Politikbewusstseins verstanden (vgl. ebd.). Das Politikbewusstsein beinhaltet alle Ziele der politischen Bildung: es soll das Interesse an Politik wecken, Voraussetzungen für eine selbstständige und politische Urteilsfähigkeit schaffen und zur Identifizierung mit den Werten der Menschenwürde und der Demokratie beitragen (vgl. Detjen 2013, S. 211).

1.2.1 Der Beutelsbacher Konsens als Minimalkonsens der Politikdidaktik

Wie politische Mündigkeit zu erreichen ist, wird durch drei Grundprinzipien der politischen Bildung vorgegeben, die als Minimalkonsens der Politikdidaktik im sogenannten ***„Beutelsbacher Konsens"*** von 1976 formuliert wurden (Wehling 1977, S. 179):

- **Überwältigungsverbot:** „Es ist nicht erlaubt, den Schüler – mit welchen Mitteln auch immer – im Sinne erwünschter Meinungen zu überrumpeln und damit an der ‚Gewinnung eines selbständigen Urteils' zu hindern. Hier genau verläuft nämlich die Grenze zwischen Politischer Bildung und Indoktrination. Indoktrination aber ist unvereinbar mit der Rolle des Lehrers in einer demokratischen Gesellschaft und der – rundum akzeptierten – Zielvorstellung von der Mündigkeit des Schülers."
- **Kontroversitätsgebot:** „Was in Wissenschaft und Politik kontrovers ist, muss auch im Unterricht kontrovers erscheinen. […]"
- **Schülerorientierung:** „Der Schüler muss in die Lage versetzt werden, eine politische Situation und seine eigene Interessenlage zu analysieren, sowie nach Mitteln und Wegen zu suchen, die vorgefundene politische Lage im Sinne seiner Interessen zu beeinflussen."

Die „Gewinnung eines selbständigen Urteils", wie sie im Überwältigungsverbot (oft auch Indoktrinationsverbot genannt) gefordert wird, ist nur innerhalb der freiheitlich demokratischen Grundordnung akzeptierbar. So ist ein gegen das Grundgesetz verstoßendes Urteil, das z. B. die Würde von Menschen anderer Herkunft oder Religion missachtet, im Politik- und Geschichtsunterricht nicht legitim und das Urteil sollte in seiner Problemhaftigkeit dekonstruiert werden (vgl. Brüning 2018, S. 81). Dem Kontroversitätsgebot sind ebenfalls Grenzen gesetzt und Meinungen, die gegen die Grund- und Menschenrechte verstoßen, sind nicht als Kontroversen hinnehmbar (vgl. ebd. S. 82). So ist die Tatsache, dass von den Nationalsozialist*innen Genozide begangen wurden, in Wissenschaft und Politik nicht kontrovers und die Berufung auf den Beutelsbacher Konsens hilft Holocaustleugner*innen nicht weiter (vgl. ebd.). Die Erziehung zur Demokratie, wie sie heute von der Schule gefordert wird, ist auch eine Konsequenz des Nationalsozialismus (vgl. ebd.). Die *Reeducation* der amerikanischen Besatzungsmacht nach 1945 zielte auf eine ‚Demokratie als Lebensform' ab, mit der Absicht, eine Immunisierung gegen zukünftige Faschismen zu erreichen (vgl. ebd. S.86).

1.2.2 Politikkompetenz in der Grundschule

Da es (noch) kein eigenes Modell der Politikkompetenz für die Grundschule gibt, dient das schulformübergreifende ***Modell der Politikkompetenz*** ebenfalls als Orientierungsrahmen für den Primarbereich (Detjen et al. 2012, S. 13) (Abb. 2).

Das Modell der Politikkompetenz (Abb. 2) macht deutlich, dass die vier Kompetenzdimensionen nicht isoliert nebeneinanderstehen, sondern sich

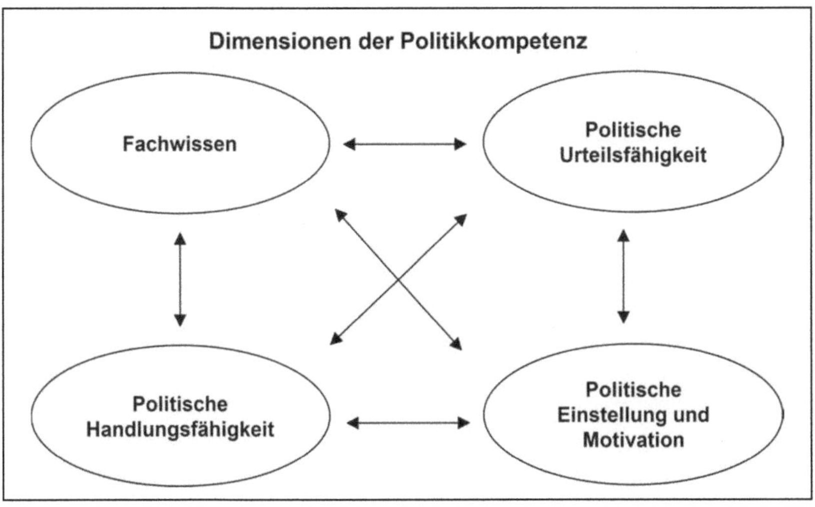

Abbildung 2: Dimensionen der Politikkompetenz (nach Detjen et al. 2012, S. 13)

Tabelle 1: Die politischen Fachkonzepte nach Detjen et. al. (2010). Fett gesetzte Hervorhebungen markieren die 12 politischen Fachkonzepte für den Grundschulbereich (vgl. Becher und Gläser 2020, S. 53).

Ordnung	Entscheidung	Gemeinwohl
Demokratie, Europäische Integration, Gewaltenteilung, **Grundrechte**, internationale Beziehungen, Markt, **Rechtsstaat**, **Repräsentation**, Sozialstaat, **Staat**	Europäische Akteure, Interessengruppen, Konflikt, Legitimation, **Macht**, Massenmedien, **Öffentlichkeit**, Opposition, Parlament, **Parteien**, Regierung, **Wahlen**	Freiheit, **Frieden**, **Gerechtigkeit**, Gleichheit, Menschenwürde, **Nachhaltigkeit**, Öffentliche Güter, Sicherheit

gegenseitig beeinflussen: politisches Fachwissen beeinflusst stark die politische Urteilsbildung und fördert politische Einstellungen sowie die politische Motivation und die politische Handlungsfähigkeit – dies führt wiederum zur weiteren Aneignung von Fachwissen und zu neuen Urteilsbildungen (vgl. Detjen et al. 2012, S. 12). Die Abbildung zeigt, dass das politische Fachwissen nur einen Kompetenzbereich umfasst, der jedoch grundlegend für den systematischen Wissensaufbau und dadurch essenziell für die Politikkompetenz ist (vgl. Becher und Gläser 2020, S. 53). Der Kompetenzbereich des Fachwissens umfasst wiederum 30 politische Fachkonzepte, von denen 12 für den Primarbereich relevant sind: Demokratie, Grundrechte, Rechtsstaat, Repräsentation, Staat, Macht, Öffentlichkeit, Parteien, Wahlen, Frieden, Gerechtigkeit und Nachhaltigkeit (Tab. 1).

Die GDSU integriert das Modell der Politikkompetenz in die sozialwissenschaftliche Perspektive des Perspektivrahmens Sachunterricht (GDSU 2013, S. 29). Die didaktische Konzeption ist dabei eine perspektivenvernetzende, da gesellschaftliche Fragestellungen in der Regel nie nur einer Perspektive zugeordnet werden können (vgl. Becher und Gläser 2020, S. 54). Vor allem bei zeitgeschichtlichen Themen ist es naheliegend, diese nicht nur aus einer Fachdisziplin aufzubereiten, sondern sowohl die historische als auch politische Perspektive miteinzubeziehen. Eine strikte fachliche Trennung der Perspektiven widerspräche nicht nur der Intention der Vielperspektivität, sondern wäre fachdidaktisch auch wenig zielführend, wie im nächsten Abschnitt gezeigt werden soll.

1.3 Historisch-politisches Lernen

> „Geschichtlichkeit ist eine Grundkategorie des Politischen. Es gibt nämlich schlechterdings kein politisches Problem und keinen politischen Konflikt, die ohne Erhellung ihrer geschichtlichen Bedingtheit hinlänglich verstehbar wären. Geschichte ist also notwendig zum Verstehen der Genese politischer Konstellationen." (Detjen 2013, S. 286).

Mit diesem Zitat macht Detjen deutlich, dass alles Politische geschichtlich geprägt ist. Die politischen Institutionen, rechtlichen Regelungen und Machtverhältnisse sind ebenso geschichtlich geprägt wie subjektiv-intentionale Faktoren der Politik (politische Interessen und Deutungsmuster) (vgl. ebd.). Das Politische kann folglich nicht ohne das Wissen der geschichtlichen Bedingtheit verstanden werden (vgl. ebd.). Politische Bildung muss daher auch immer historische Dimensionen beinhalten und darf nicht als reine „Gegenwartskunde" konzipiert werden. Der Politik- und der Geschichtsunterricht haben es mit demselben Wirkungsbereich, dem menschlichen Zusammenleben, zu tun (vgl. ebd. S. 287). Das Korrelationsmodell von Lange beschreibt am besten das Zusammenspiel der beiden Fachperspektiven und die aktuelle historisch-politische Didaktik (Lange 2004, S. 18). Geschichts- und Politikunterricht sind aufeinander angewiesen, können sich allerdings nicht gegenseitig ersetzen, sondern müssen sich ergänzen. Aufgabe des Geschichtsunterrichts ist die *historische Ortsbestimmung der Gegenwart*, es geht also darum, die heutige Welt aus der Geschichte zu verstehen (vgl. Detjen 2013, S. 287). Geschichte ist nicht lediglich Vergangenheit, sondern die in der Erinnerung der Menschen wirksame Gegenwart der Vergangenheit. Dieses Selbstverständnis wird auch durch das Geschichtsbewusstsein ausgedrückt, das den Zusammenhang von Geschichtsdeutung, Gegenwartsverständnis und Zukunftsperspektive umgreift (Jeismann 1997, S. 42 zit. nach Detjen 2013, S. 287). Das Geschichtsbewusstsein stellt einen Schlüsselbegriff in der Geschichtsdidaktik dar, allerdings hat sich die Disziplin nicht auf eine Definition geeignet (vgl. Reeken 2017, S. 9). Allgemeinverständlich wird darunter „die Kompetenz des menschlichen Individuums, seinen Platz in einer sich entwickelnden und fortschreitenden Umwelt relativ zu einem Vorher, einem Hier und Jetzt und einem Nachher zu definieren" verstanden (Létourneau 2001, S. 177 zit. nach ebd.). Oft wird auch auf die Theorie des Geschichtsdidaktikers Jürgen Pandel verwiesen, der das Geschichtsbewusstsein in sieben Dimensionen ausdifferenziert: Den drei Basisdimensionen „Temporal-", „Wirklichkeits-" und „Historizitätsbewusstsein" sowie den vier gesellschaftlichen Dimensionen politisches, ökonomisch-soziales, moralisches und Identitätsbewusstsein (vgl. Reeken 2017, S. 9).

Auch in sozialen und politischen Auseinandersetzungen ist das Geschichtsbewusstsein wirksam, so dass von einem geschichtlich-politischem

Bewusstsein die Rede sein kann, wenn Geschichtsbilder und Geschichtsdeutungen die Interpretation und Lösung politischer Probleme beeinflussen (vgl. Detjen 2013, S. 288). Geschichte bietet ein sekundäres Erfahrungsfeld[4] zur Gewinnung anthropologischer, sozialer und politischer Erkenntnisse (ebd.). Dazu gehört die Erfahrung des Prozesshaften und die Erkenntnis, dass auch relativ dauerhafte Strukturen und Institutionen veränderbar sind und dem Wandel unterliegen. Sie bietet Erfahrungen der Mehrdimensionalität menschlicher Situationen und Konstellationen, die Erfahrung der Kontingenz und zeigt den Menschen Alternativen (vgl. ebd.). Die Geschichte bietet zudem ein Reservoir bisheriger politischer Erfahrungen und macht abgeschlossene Prozesse sichtbar (vgl. ebd.). Dadurch bietet der Geschichtsunterricht ein Gegengewicht zum Gegenwartsbezug des Politikunterrichts und schafft durch die Distanz zur Gegenwart einen Reflexionswiderstand in der politischen Bildung, der als „Besonnenheit" bezeichnet wird (vgl. ebd. S. 289). Auf der anderen Seite kann der Geschichtsunterricht sich auch nicht vom Gegenwartsbezug und von politischen Fragen abschirmen (vgl. Sutor 2002, S. 359). Sutor sieht in Geschichte die „Gegenwart von Vergangenheit in menschlicher Erinnerung." (ebd.). Das Geschichtsbild, das Gegenwartsbewusstsein und die Zukunftsorientierung bedingen sich dabei gegenseitig (vgl. ebd.). Die Geschichtswissenschaft wird in ihrem Erkenntnisinteresse, in ihren Fragen und in ihrer Problemwahl vom vorherrschenden Geschichtsbewusstsein und damit auch von der Gegenwart bestimmt (vgl. ebd. S. 360). Heutiger Geschichtsunterricht ist an die Bedingungen einer pluralistischen Gesellschaft geknüpft und muss respektieren, dass unterschiedliche weltanschauliche und politische Lager, soziale Gruppierungen und Individuen unterschiedliche Fragen an Geschichte stellen und Geschichte unterschiedlich deuten (vgl. ebd. S. 361). Eine Wissenschaftsorientierung bleibt bei allen Perspektiven dabei unerlässlich.

Zeitgeschichte als unmittelbarer Gegenstand politischer Bildung

Die Zeitgeschichte bezeichnet die „Geschichte der Mitlebenden" und ist damit nicht datierbar (Detjen 2013, S. 289). Zeitgeschichte schließt sowohl die allgemeine politische Geschichte als auch die Verarbeitung der von diesen Menschen je individuell erlebten Geschichte mit ein (Becher 1985, S. 197 ff. zit. nach ebd.). Zeitgeschichte weist damit eine besonders hohe Verbindung von geschichtlichem und politischem Bewusstsein auf, da die Menschen ihre Deutungen der Zeitgeschichte in ihre politischen Urteile einfließen lassen (vgl. Detjen 2013, S. 289). Da Politik ohne zeitgeschichtlichen

4 Es ist von einem sekundären Erfahrungsfeld die Rede, da das Vergangene nicht unmittelbar zugänglich ist, sondern methodisch über Quellen erschlossen werden muss (vgl. ebd.).

Kontext nicht begriffen werden kann, ist ein zeitgeschichtlich-politischer Unterricht ratsam (vgl. ebd.). Zeitgeschichte ist daher „unmittelbar Gegenstand politischer Bildung“ (Sutor 2005, S. 362).

Die NS-Zeit und der Holocaust können als Zeitgeschichte kategorisiert werden, da es noch Mitlebende gibt, die diese Zeit von 1933–1945 erlebt haben. Auch wenn die Zeit des Nationalsozialismus in den nächsten Jahren aus dem Kanon der Zeitgeschichte entfallen wird, bleibt das Thema trotz seiner Historisierung auch in der Geschichtspolitik der BRD akut (vgl. Brüning 2018, S. 89). Die Themen Nationalsozialismus und Holocaust spielen in der Politik- und Geschichtsdidaktik eine große Rolle und lassen sich dem historisch-politischen Lernen zuordnen (vgl. ebd. S. 87). Der Begriff des Historisch-Politischen wird bereits seit der Aufklärung verwendet, auch wenn Kooperationsmodelle von Seiten der Geschichtsdidaktik noch zögerlich rezipiert werden (vgl. Brüning 2018, S. 86). Juchler empfiehlt „für die Vermittlung eines ganzheitlichen Politik- und Weltverständnisses“ fächerübergreifende Ansätze, ohne allerdings den fachzentrierten Ansatz dadurch ganz zu ersetzen (Juchler 2013, S. 274). Die hohe inhaltliche Nähe zwischen den Disziplinen der Politik- und Geschichtswissenschaft ist mittlerweile unumstritten (vgl. Brüning 2018, S. 88). Peter Massing spricht in diesem Zusammenhang auch von einer „Rückgratfunktion“ historischen Lernens für das politische Lernen, da unser heutiges politisches System ohne Geschichte weder verstanden noch analysiert werden kann (vgl. Massing 2013, S. 146). Insbesondere im Bereich der Zeitgeschichte sind die Übergänge zwischen Politik und Geschichte fließend (vgl. Brüning 2018, S. 89). Die Förderung des Geschichtsbewusstseins ist damit als integrierter Teil vom Politikbewusstsein und der politischen Bildung zu verstehen. Eine politische Bildung zielt auch auf die Förderung eines Geschichtsbewusstseins ab. Sie ersetzt nicht den Geschichtsunterricht, vielmehr sind Politik und Geschichte als eigenständige Disziplinen aufeinander angewiesen und ergänzen sich gegenseitig, um einen Kompetenzerwerb zu ermöglichen, der es wiederum ermöglicht, sich in Gegenwart und Zukunft zu orientieren und verantwortlich zu handeln (vgl. Massing 2013, S. 147). Beide Fächer sind aufeinander bezogen und definieren sich aus ihrem Ziel, die Prinzipien des demokratischen Verfassungsstaates zu verdeutlichen und so einen Beitrag zur „Demokratieerziehung“ zu leisten (vgl. Steinbach 2016, S. 207). Geschichte kann als „Rückgrat politischer Bildung“ verstanden werden, während die politische Bildung die historische um einen verstärkten Gegenwarts- und Zukunftsbezug ergänzt (vgl. Hellmuth 2014, S. 190).

1.4 Zur Bedeutung der politischen Bildung in der Grundschule

Politik wurde lange Zeit als zu schwer, zu abstrakt und als nicht relevant für Kinder angesehen. Bis in die 1970er-Jahre wurde die politische Bildung daher nur sehr begrenzt in den Grundschulunterricht integriert (vgl. Becher und Gläser 2020, S. 45). Heute wird das grundlegend anders bewertet, dies zeigt sich unter anderem in den zahlreichen medialen Angeboten speziell für Kinder, z. B. in der Kindernachrichtensendung Logo, dem (online-)Magazin Geolino oder der Homepage Hanisauland der Bundeszentrale für politische Bildung (vgl. ebd.). Diese medialen (Nachrichten-)Angebote für Kinder sind neben der Familie, den Peers und der Schule eine wichtige „politische Sozialisationsagentur", da sie „das politische Interesse und Wissen sowie politische Einstellungen" maßgeblich prägen und späteres politisches Verhalten mitbestimmen (vgl. Asal und Burth 2016, S. 13). Grundsätzlich wird zwischen latenter und manifester politischer Sozialisation unterschieden (vgl. ebd.). Ersteres beschreibt ein Lernen, „das nicht direkt politisch ist, aber dennoch Auswirkungen auf das politische Verhalten eines Menschen und seine späteren politischen Einstellungen und Interessen hat", wohingegen die manifeste politische Sozialisation „eine bewusste, zielgerichtete Vermittlung politischer Gefühle, Informationen oder Werte" meint (vgl. ebd.). Empirische Untersuchungen zur politischen Sozialisation zeigen, dass schon Kinder im Vorschulalter ihre politische Umwelt wahrnehmen und politische Einstellungen ausbilden (vgl. Massing 2003, S. 61). Ab dem 5. Lebensjahr wird die politische Umwelt wahrgenommen und dadurch politische Einstellungen und Verhaltensweisen „vorgeformt", die zu einem späteren Zeitpunkt als Wahrnehmungsfilter wirken können (vgl. ebd. S. 56). Bereits Ende der 1960er/ Anfang der 1970er gab es erste Bemühungen, die politische Sozialisation von Grundschulkindern in der BRD zu untersuchen (Müller 1971; Wasmund 1976; Marz et al. 1978 zit. nach Becher und Gläser 2020, S. 66). Die Studien zeigen, dass politisches Geschehen von Kindern wahrgenommen wird, insbesondere prägnante Ereignisse (z. B. der Tag des Mauerbaus) und dass Kinder sich durch „Massenmedien" und ihr primäres Umfeld politisches Wissen aneignen (vgl. Czajka 1965, S. 335 zit. nach Becher und Gläser 2020, S. 66). Neuere Forschungen zum politischen Lernen im Sachunterricht versuchen gezielt, die Präkonzepte[5] und somit die Lernvoraussetzungen von Grundschulkindern in den Blick zu nehmen. Eva Gläser führte 2002 eine der ersten

5 Als Präkonzepte werden die bei Kindern vorhandenen Vorstellungen über Phänomene, Vorgänge und Begriffe bezeichnet. Präkonzepte entstehen aus der die Kinder umgebenden Um- und Mitwelt, „die sie mit den ihnen zur Verfügung stehenden Informationen im Rahmen ihrer kognitiven Möglichkeiten und aufgrund Erfahrungen und Überlegungen konstruieren" (Baar 2014, S. 246).

Studien zu den Vorstellungen von Grundschulkindern zu einem politischen Phänomen durch und rekonstruierte die Wahrnehmung von Kindern zu Arbeitslosigkeit (Gläser 2002). Weitere Studien zu „demokratieorientierten Vorstellungen“ von Grundschulkindern (Dondl 2013), dem kindlichen Erleben von Krieg und Frieden (Kallweit 2019) oder zu konzeptionellem politischen Wissen (Gottfried 2019) folgten.

Heute besteht Einigkeit darin, dass die Kindheit kein politikfreier Raum ist. Kinder sind direkt oder indirekt von politischen Entscheidungen betroffen und haben daher einen Anspruch auf Aufklärung und Mitbestimmung (vgl. Richter 2014, S. 58). Der Sachunterricht steht in der Pflicht, zum einen die personalen Ressourcen der Kinder zu stärken und zum anderen das Interesse der Kinder für gesellschaftliche Fragen zu wecken (vgl. ebd.). Aufgrund der frühen politischen Sozialisation und der politischen Umwelt von Grundschulkindern wird einer „politischen Bildung von Anfang an“ hohe Bedeutung zugesprochen (vgl. ebd.). Der sozialwissenschaftliche Sachunterricht ist dabei unumstritten Hauptort der politischen Bildung in der Grundschule (vgl. Giest und Richter 2016, S. 61).

Studien zum politischen Fachwissen von Kindern rücken zunehmend in den Fokus des politik- und sachunterrichtsdidaktischen Interesses (vgl. Becher und Gläser 2020, S. 73). Trotz dieser positiven Entwicklungsverläufe des Faches Sachunterrichts wird der Stand der sozialwissenschaftlichen Perspektive oft als „nicht zufriedenstellend“ bezeichnet und insbesondere der Stand des politischen Lernens bemängelt (Richter 2013, S. 173). Kritisiert wird dabei vor allem, dass Kompetenzmodelle und didaktische Konzeptionen explizit für den Primarbereich fehlen und dass es nach wie vor nur wenige empirische Studien zum politischen Wissen von Grundschulkindern gibt (ebd. S. 176). Da die Erforschung der Sichtweisen von Lernenden von großer Bedeutung für die Generierung evidenzbasierter Theorien zum politischen Lernen in der Grundschule ist, bleibt die Offenlegung politischer Vorstellungen der Kinder eine wichtige Forschungsaufgabe der Politikdidaktik (vgl. Becher und Gläser 2020, S. 62). Die inhaltlichen Unklarheiten und fehlenden Richtlinien bieten den Schulen und Lehrkräften zum einen eine große Freiheit bei der Themenwahl, zum anderen führen sie aber auch zu viel Unsicherheit, da empirisch gesicherte Grundlagen und Konzepte für das politische Lernen in der Grundschule fehlen. Sehr kontrovers diskutiert wurde daher auch die Thematisierung des Holocaust und der NS-Zeit in der Grundschule (Kapitel 2.3).

2 Diskussions- und Forschungsstand zum Thema Nationalsozialismus und Holocaust in der Grundschule

Die Frage, ob sich junge Lernende mit dem Nationalsozialismus beschäftigten sollten, wurde in der Grundschuldidaktik lange als Dilemma angesehen, da Kinder zum einen durch pädagogische Begleitung vor der schonungslosen Konfrontation durch die Medien geschützt werden sollten und andererseits Bedenken existierten, ob Unterrichtsprojekte in der Grundschule die Kinder entweder überforderten oder zwangsläufig trivialisierende Holocaust-Darstellungen hervorbrächten (vgl. Enzenbach 2013, S. 133). Trotz dieser Bedenken rückte die Beschäftigung mit dem Nationalsozialismus in den letzten Jahren verstärkt in das Blickfeld der Sachunterrichts-, Grundschul- und Geschichtsdidaktik (vgl. ebd.). Sowohl im fachdidaktischen Diskurs als auch in den Studien wird oftmals keine klare Differenzierung zwischen den Begrifflichkeiten Holocaust und Nationalsozialismus durchgeführt. Der Nationalsozialismus bezeichnet zum einen die „nach dem Ersten Weltkrieg in Deutschland aufgekommene, extrem nationalistische, imperialistische und rassistische politische Bewegung“ und zum anderen die auf dieser Ideologie basierende faschistische Herrschaft unter Hitler in Deutschland von 1933 bis 1945 (vgl. Dudenredaktion). Im gesellschaftlichen sowie wissenschaftlichen Diskurs haben sich die drei Begriffe Holocaust, Shoah und Auschwitz etabliert, die alle drei für den Völkermord der Nationalsozialist*innen an den europäischen Juden und Jüdinnen und anderen Minderheiten stehen und synonym verwendet werden (vgl. Ulbricht 2020, S. 13). Trotz der Kritik an dem Begriff Holocaust[6] ist dieser weltweit die gebräuchlichste Form, um den Genozid der Nationalsozialist*innen an den europäischen Juden und Jüdinnen zu bezeichnen und wird zunehmend auch im weiteren Sinne für die Verfolgung und Vernichtung anderer Minoritäten verwendet (vgl. ebd.). Da der Begriff Holocaust sich auch in den Lehrplänen der Kultusministerkonferenz (KMK) durchgesetzt hat, wird er im Rahmen dieser Arbeit ebenfalls als Bezeichnung für die Massenmorde der Nationalsozialist*innen übernommen (Kultusministerkonferenz 2005). In diesem Kapitel soll der Diskussions- und Forschungs-

6 Holocaust bedeutet in seiner Wortherkunft „vollständige Verbrennung“ und ist daher in seiner Verwendung umstritten, da dadurch das historische Verbrechen der Nationalsozialisten verharmlost werde. In Israel wird aus diesen Gründen die hebräische Bezeichnung „Ha-Shoa“ („Zerstörung“, „Katastrophe“) gebraucht (vgl. GRA Stiftung gegen Rassismus und Antisemitismus 2015).

stand zu den Themenfeldern Nationalsozialismus und Holocaust als Lerngegenstand in der Grundschule dargestellt werden. Dafür wird zunächst betrachtet, wie mit Holocaust und Nationalsozialismus gesamtgesellschaftlich umgegangen wird. Das Kapitel 2.1 beschäftigt sich mit der deutschen Erinnerungskultur und aktuellen geschichtspolitischen Herausforderungen in der Bundesrepublik. Dabei wird auch auf die Herausforderungen des Holocaust als Lerngegenstand eingegangen. In diesem Zusammenhang wird außerdem der negative Erinnerungsimperativ aus Adornos Ansprache einer „Erziehung nach Auschwitz“ betrachtet. Aufbauend auf diesen allgemeinen Betrachtungen wird dann der fachwissenschaftliche Diskurs um eine Thematisierung in der Grundschule nachgezeichnet und die empirischen Befunde dargestellt (Kapitel 2.3 und Kapitel 2.4).

2.1 Erinnerungskultur und Geschichtspolitik in Deutschland

Zur deutschen Erinnerungskultur und dem Umgang mit der NS-Zeit und dem Holocaust von der Nachkriegszeit bis heute ließen sich ganze Bücher verfassen. Im Rahmen dieser Arbeit wird nur kurz auf die Besonderheiten der Erinnerungskultur in Deutschland eingegangen, da eine detaillierte Auseinandersetzung den Umfang dieser Arbeit sprengen würde. Die Geschichte der Erinnerung an den Holocaust ist gekennzeichnet durch ein langes Schweigen in der Nachkriegszeit bis in die 1960er-Jahre hinein (vgl. Assmann 2013, S. 75). Je weiter weg die Geschehnisse des Zweiten Weltkrieges rückten, desto eher fand eine Konfrontation mit der Geschichte statt (vgl. ebd.). Die Verdrängungs- und Leugnungsprozesse ab Beginn der 1950er-Jahre wurden teilweise auch auf nachfolgende Generationen, auf Kinder und Enkel der Kriegsgeneration, übertragen, denn der eigene Opa, der war doch kein Nazi (vgl. Sack 2016, S. 49). Die Deutschen sahen sich lange als Opfernation, nicht als Täternation (vgl. ebd.). Erst mit der zweiten Nachkriegsgeneration begann die Konfrontation mit den Geschehnissen und die gesellschaftliche Aufarbeitung. Im Rahmen der juristischen Aufarbeitung der NS-Prozesse (vor allem durch die Frankfurter Auschwitz-Prozesse 1963) stellte die Jugend im sogenannten „Generationenkonflikt“ ihre eigenen Eltern und Großeltern zur Rede (vgl. ebd. S. 46). Mit der juristischen Aufarbeitung rückte die NS-Zeit ins Zentrum des öffentlichen Bewusstseins. Eine gesamtgesellschaftliche Aufarbeitung der Vergangenheit begann erst in den 1970er- und 1980er-Jahren (vgl. Rathenow und Weber 2005, S. 12). Als prägend für den öffentlichen Umgang mit der NS-Vergangenheit gilt die vielzitierte Rede Richard von Weizsäckers vom 8. Mai 1985. Der damalige Bundespräsident benannte 40 Jahre nach

Ende des Zweiten Weltkrieges den 8. Mai erstmals für die breite Öffentlichkeit als „Tag der Befreiung“:

> „[…]. Der 8. Mai ist für uns Deutsche kein Tag zum Feiern. Die Menschen, die ihn bewußt erlebt haben, denken an ganz persönliche und damit ganz unterschiedliche Erfahrungen zurück. Der eine kehrte heim, der andere wurde heimatlos. Dieser wurde befreit, für jenen begann die Gefangenschaft. Viele waren einfach nur dafür dankbar, daß Bombennächte und Angst vorüber und sie mit dem Leben davongekommen waren. Andere empfanden Schmerz über die vollständige Niederlage des eigenen Vaterlandes […]. Und dennoch wurde von Tag zu Tag klarer, was es heute für uns alle gemeinsam zu sagen gilt: Der 8. Mai war ein Tag der Befreiung. Er hat uns alle befreit von dem menschenverachtenden System der nationalsozialistischen Gewaltherrschaft […].“ (Weizsäcker 1985)

Weizsäckers Rede fiel zu einer Zeit, in der die Erinnerungskultur in Deutschland sehr polarisiert war, wie auch der sogenannte „Historikerstreit“[7] zeigt (vgl. Hammerstein und Hofmann 2015, S. 6). Die Rede des damaligen Bundespräsidenten löste national und international eine große Resonanz aus und gilt für die deutsche Gesellschaft rückblickend als „erinnerungskulturelle Zäsur“ (vgl. ebd. S. 3). Weizsäckers Aufforderung, die belastete Vergangenheit anzunehmen, die sich nachträglich nicht ändern oder ungeschehen machen lässt, wurde ein zentrales Element öffentlichen Gedenkens (vgl. ebd. S. 7). Ein weiterer geschichtspolitischer Meilenstein war die 1996 erfolgte Erklärung des 27. Januars (Jahrestag der Befreiung von Auschwitz) zum zentralen Gedenktag an die Opfer des Nationalsozialismus in der Bundesrepublik Deutschland durch Roman Herzog. Weitere zehn Jahre später wurde der 27. Januar auf internationaler Ebene durch die Generalversammlung der Vereinten Nationen zum Holocaust-Gedenktag erklärt (vgl. Bundeszentrale für politische Bildung 2017, o. A.). Dennoch gibt es bis heute in Deutschland keinen bundesweiten gesetzlichen Feiertag zum Gedenken an die Opfer des Nationalsozialismus, obwohl es im Bundestag immer wieder zu politischen Forderungen kam, den 8. Mai zum gesetzlichen Feiertag zu erklären. Im Jahr 2020 forderte Esther Bejarano, die Vorsitzende des Auschwitz-Komitees in Deutschland, die Bundesregierung in einem offenen Brief dazu auf, den An-

7 Als Historikerstreit wird eine in der breiten Öffentlichkeit geführte Debatte bezeichnet, die sich im Sommer 1986 vor allem zwischen dem Sozialphilosophen Jürgen Habermas und dem Zeithistoriker Ernst Nolte abspielte (vgl. Große Kracht 2010, S. 2). In der öffentlichen Debatte, die in Tageszeitungen publiziert wurde, kam es zu zwei Lagerbildungen innerhalb des intellektuellen Spektrums der 1980er in der Bundesrepublik. Das Lager um Ernst Nolte stellte die Singularität des Holocaust in Frage, indem die nationalsozialistische Judenvernichtung in einen kausalen Zusammenhang mit den stalinistischen Terrorakten gestellt wurde (vgl. ebd.). Dieses „revisionistisches Geschichtsbild“ wurde von dem Lager um Jürgen Habermas scharf kritisiert. Die Folge war eine öffentlich-intellektuelle Debatte über die Bedeutung der nationalsozialistischen Verbrechen für die Selbstverständlichkeit der Bundesrepublik (vgl. ebd.).

lass 75 Jahre Kriegsende endlich dazu zu nutzen, den 8. Mai als gesetzlichen Feiertag zu beschließen:

> „Ich fordere: Der 8. Mai muss ein Feiertag werden! Ein Tag, an dem die Befreiung der Menschheit vom NS-Regime gefeiert werden kann. Das ist überfällig seit sieben Jahrzehnten. Und hilft vielleicht, endlich zu begreifen, dass der 8. Mai 1945 der Tag der Befreiung war, der Niederschlagung des NS-Regimes. Wie viele andere aus den Konzentrationslagern wurde auch ich auf den Todesmarsch getrieben. Erst Anfang Mai wurden wir von amerikanischen und russischen Soldaten befreit. Am 8. Mai wäre dann Gelegenheit, über die großen Hoffnungen der Menschheit nachzudenken: Über Freiheit, Gleichheit, Brüderlichkeit – und Schwesterlichkeit. Und dann können wir, dann kann ein Bundespräsident vielleicht irgendwann sagen: Wir haben aus der Geschichte gelernt. Die Deutschen haben die entscheidende Lektion gelernt." (Bejarano 2020)

Bislang ist der 8. Mai nur in einzelnen Bundesländern (u. a. Mecklenburg-Vorpommern und Brandenburg) offizieller Gedenktag. In Berlin wurde er 2020, anlässlich des 75. Jahrestages nach Kriegsende, zum einmaligen gesetzlichen Feiertag erklärt. In der vorangegangenen Debatte provozierte der AfD-Fraktionsvorsitzende Alexander Gauland mit Aussagen wie „[m]an kann den 8. Mai nicht zum Glückstag für Deutschland machen", da dieser „ein Tag der absoluten Niederlage, ein Tag des Verlustes von großen Teilen Deutschlands und des Verlustes von Gestaltungsmöglichkeit" sei (Wehner 2020). Die Diskussionen um den 8. Mai als gesetzlicher Feiertag sind nur ein aktuelles Beispiel von vielen, die zeigen, wie politisch der Umgang mit der Zeit des Nationalsozialismus und die öffentlichen Erinnerungskultur sind.

Gedenktage wie der 27. Januar oder der 8. Mai sind von politisch-pädagogischer Bedeutung, da sie Möglichkeiten bieten, über Grundlagen politischen Zusammenlebens nachzudenken (vgl. Steinbach 2015, S. 23). Am Gedenktag verlassen die politischen Verantwortlichen für kurze Zeit den engen Rahmen des politischen Tagesgeschäftes, um sich zu Menschenrechten und Minderheitenschutz zu bekennen. Dabei werden politische Interessenskonflikte für eine kurze Zeit ausgeschaltet und es wird nach politischen Gemeinsamkeiten, nach dem „Grundkonsens", der sich in der Verfassung des Grundgesetzes manifestiert, geschaut (vgl. ebd.). Damit werden Gedenktage Teil der Erinnerungskultur und prägen das politische Bewusstsein über ihren Anlass hinaus (vgl. ebd.). Steinbach betont dennoch, dass gemeinsame Erinnerungen an Ereignisse der kollektiven Vergangenheit die Bürger*innen eines Staates nicht automatisch einen müssen (vgl. ebd. S. 46). Der Nationalsozialismus als Geschichte, die nicht vergeht, wird immer wieder zum Gegenstand der Debatte über deutsche Identität (vgl. Sack 2016, S. 59). In der deutschen Erinnerungskultur muss zwischen einem „kollektiven" und einem „familiären" Gedächtnis unterschieden werden. Jede*r weiß, dass es unzählige Täter*innen gab, die den deutschen Vernichtungskrieg ermöglicht haben (vgl. Salzborn 2020, S. 19). Dennoch werden im Familiengedächtnis der Deutschen die eigenen Eltern und Großeltern entweder selbst als Opfer umgedeutet oder gar als Widerstandskämpfer*innen dargestellt, wie die familienbiografische Studie Welzers (2002) mit dem Titel „Opa war kein Nazi" aufzeigt (vgl. Salzborn 2020, S. 20). Historischen Schätzungen zufolge halfen tatsächlich nur 0,3 % der Bevölkerung Opfern des Nationalsozialismus (vgl. Hensel 2018). „Es gibt keine deutsche Identität ohne Auschwitz" betonte Joachim Gauck bei seiner Gedenkrede im Januar 2015, 70 Jahre nach der Befreiung von Auschwitz-Birkenau (vgl. Oswald 2015). Laut einer Umfrage des Fernsehsenders ZDF würden dieser Aussage wohl 28 % der Deutschen widersprechen, die endlich einen Schlussstrich mit der Auseinandersetzung der Vergangenheit fordern (vgl. Brumm 2020, 17:47–17:52). In der Reportage „Die Deutschen und der Holocaust. Schluss mit Schlussstrich?" ist die Mehrheit der Befragten (81 %) zudem überzeugt davon, dass die Deutschen nichts oder nichts Genaues gewusst hätten (vgl. ebd. 18:34–18:47). Knapp die Hälfte der Befragten ist überzeugt, dass die deutsche Bevölkerung keine oder „nicht so viel Schuld" bei der Vernichtung der Juden trifft (vgl. ebd. 18:49–18:57). Nur jede*r fünfte kennt den Tag der Befreiung von Auschwitz, während 80 % der Befragten nicht wissen, was am 27. Januar 1945 geschah (vgl. ebd. 04:23–04:33). Die im Rahmen der Reportage interviewten Expert*innen scheinen diese Zahlen nicht zu verwundern, sie sehen einen „geschichtspolitischen Klimawandel" (vgl. ebd. 15:21–15:52). Die Politikwissenschaftlerin Dr. Elke Gryglewski sieht die AfD dafür mit in der Verantwortung, da sie bestimmte Äußerungen ins Parlament getragen hat (ebd.). Auch Prof. Jens-Christian Wagner, Leiter der Stiftung Gedenkstätten Buchenwald und Mittelbau-Dora ist überzeugt davon, dass die AfD „zum Erstarken des Antisemitismus und des Geschichtsrevisionismus beigetragen" hat (vgl. ebd.). Die Reportage erwähnt den Anschlag in Halle am 9. Oktober 2019, dem jüdischen Feiertag Jom Kippur und in diesem Zusammenhang die steigende Anzahl antisemitischer Gewalttaten, die laut polizeilicher Statistiken nur Ende der 1990er-Jahre so hoch waren (vgl. ebd. 15:07–15:17). Außerdem wird der wiedererstarkende Antisemitismus in Deutschland erwähnt, der sich auch im Zusammenhang mit Verschwörungsmythen über den Corona-Virus zeigt, laut denen eine angebliche jüdische Weltverschwörung hinter der Pandemie stünde (ebd. 06:42–07.10). Die aktuellen „Querdenker"-Demonstrationen werden als aktuelles Beispiel für eine schleichende Radikalisierung durch rechte Szenen angeführt. Auch wenn die Demonstrant*innen keinesfalls eine homogene Gruppe abbilden und einige sich auf Plakaten dagegen wehren, von den Medien als rechts abgestempelt zu werden, findet eine sichtbare Durchmischung mit der rechten Szene statt, von denen sich die Querdenkerbewegung kaum distanziert (ebd. 09:20–09:35). Immer wieder ziehen Demonstrant*innen auf Querdenkerveranstaltungen Vergleiche zur NS-Diktatur und positionieren sich in der Rolle als Opfer oder Widerstandskämpfer*in. Sie tragen Plakate mit abgebildeten Davidsternen und der Inschrift „Ungeimpft" und stellen die provokante Frage, ob aus der deutschen Geschichte gelernt worden sei (vgl. Brumm 2020, 08:45–09:12). Auf die Frage des ZDF-Reporters, wo die Parallelen zu damals zu sehen seien, antwortet der Demonstrant: „Die Juden waren auch gekennzeichnet. Und jetzt werden die gekennzeichnet, die sich nicht impfen lassen wollen“ (Brumm 2020, 08:53–09:33). Die jüngsten Entwicklungen an Holocaustverharmlosungen, Erstarken des Geschichtsrevisionismus und die steigende Anzahl antisemitischer Vorfälle begründen, wieso der Holocaust als Lerngegenstand auch in der politischen Bildung relevant ist (Rottscheidt 2020). Die Thematisierung und Auseinandersetzung v. a. auch mit der Genese des Nationalsozialismus, der zu den Menschheitsverbrechen führte, ist daher auch eine wichtige Aufgabe der politischen Bildung im Sinne einer Extremismus-Prävention.

2.2 Erziehung nach Auschwitz

> „Die Forderung, daß Auschwitz nicht noch einmal sei, ist die allererste an Erziehung. Sie geht so sehr jeglicher anderen voran, daß ich weder glaube, sie begründen zu müssen noch zu sollen. [...]. Sie zu begründen hätte etwas Ungeheuerliches angesichts des Ungeheuerlichen, das sich zutrug. [...]. Jede Debatte über Erziehungsideale ist nichtig und gleichgültig diesem einen gegenüber, daß Auschwitz nicht sich wiederhole. [...]“. (Adorno 1966 zit. nach Kadelbach 1970, S. 92)

Mit diesen Worten begann Theodor Wiesengrund Adorno 1966 seinen berühmten Rundfunkbeitrag, der den gleichnamigen Titel „Erziehung nach Auschwitz“ erhielt. Adornos Forderung, dass Auschwitz sich nicht wiederhole, prägt als gesellschaftlicher Erinnerungsimperativ das kollektive Gedächtnis der deutschen Nation mit (vgl. Deckert-Peaceman 2006, S. 37). Fast alle Publikationen im erziehungswissenschaftlichen Diskurs, die sich heute mit didaktisch-methodischen Vorschlägen und/oder fachwissenschaftlichen Legitimationen des Lerngegenstandes Holocaust beschäftigen, nehmen Bezug zu Adornos Forderung, dass Auschwitz nie wieder sei (vgl. Becher 2009, S. 32). Auschwitz steht dabei symbolisch für die massenhafte Vernichtung an Millionen von Menschen (vgl. Deckert-Peaceman 2006, S. 38). Eine „Erziehung nach Auschwitz“ stellt die Forderung an Schule und Gesellschaft, zur Mündigkeit zu erziehen, so dass Auschwitz nie wieder möglich ist. Adorno hält eine Erziehung nach Auschwitz nur dann für sinnvoll und zielführend, wenn sie zur kritischen Selbstreflexion führt und bereits in der frühen Kindheit ansetzt (Adorno 1966 zit. nach Kadelbach 1970, S. 94). Darüber, wie genau mit diesem Erinnerungsimperativ in Schule und Gesellschaft umgegangen werden soll, herrscht Uneinigkeit. Auch besteht ein schwieriges Verhältnis zwischen Auschwitz und Bildung, da Bildung gemeinhin als „subjektive

Aneignung von Kultur, die sich auf positive und vorbildhafte Traditionsbestände bezieht" verstanden wird und Auschwitz hingegen „als Symbol für die massenhafte Vernichtung von Menschen, für den Bruch mit Kultur" gesehen wird (vgl. Deckert-Peaceman 2006, S. 38). Dem Holocaust als Bildungsgegenstand fehlt somit jeglicher positive Bezugsrahmen. Dennoch „steht außer Frage, dass die NS-Geschichte an die nachfolgenden Generationen übertragen werden muss" (vgl. Meseth 2002 zit. nach Deckert-Peaceman 2006, S. 38). Die Pädagogik muss sich daher diesen Schwierigkeiten stellen und ihre Zielsetzung in dem Kontext, insbesondere hinsichtlich der moralischen Dimensionen reflektieren (vgl. Deckert-Peaceman 2006, S. 38). Trotz der medialen Präsenz[8] von Auschwitz und des Holocaust und der „selbsterklärende[n] Evidenz" einer Erziehung nach Auschwitz in Adornos berühmter Rundfunkansprache muss die politische Bildung begründen, warum es auch heute noch eine Erziehung nach Auschwitz braucht (vgl. Steffens und Widmaier 2015, S. 5). Steffens und Widmaier bezeichnen den Nationalsozialismus als ein „rassistisches und moralpolitisches Weltordnungsprojekt" und betonen daher, dass „[...] die Rekonstruktion des moralischen Horizonts eine Anforderung [ist], die vom Gegenstand selbst ausgeht, und kein von außen herangetragener Gesichtspunkt, auf den nach Belieben oder Einstellung auch verzichtet werden könnte" (ebd. S. 8). Giesecke und Welzer fordern eine grundlegende Veränderung der Erinnerungspädagogik und Erinnerungskultur, da die Judenverfolgung auf große Zustimmungsbereitschaft bei den nichtjüdischen Deutschen innerhalb der Gesellschaft stieß und diese Ausgrenzungsgesellschaft den Holocaust und Nationalsozialismus erst möglich machten (Giesecke und Welzer 2012, S. 49). Sie sehen „die Herausforderung, in der Gegenwart die Potenziale für asoziales Verhalten, für die Aufweichung rechtsstaatlicher Prinzipien oder für gegenmenschliche Praktiken zu erkennen", um eine nicht museale und identifikatorische, sondern gegenwärtige, reflexive und politische Erinnerung zu ermöglichen (vgl. ebd.). Eine Möglichkeit dafür sei nicht nur, an das Schreckliche zu erinnern, sondern auch an diejenigen, die Widerstand leisteten (vgl. ebd. S. 54). Die politischen Lernziele nach Mündigkeit, Selbstbestimmung und Urteilsfähigkeit resultieren auch aus einer Erziehung nach Auschwitz. Bei der Beschäftigung mit Frage- und Problemstellungen der Holocaust Education ist trotz der Einordnung in einen historischen Kontext von einem gesellschaftlichen Gegenwarts- und Zukunftsbezug auszugehen (vgl. Pech 2006, S. 54). Damit befindet sich die Holocaust Education im Schnittfeld historisch-politischer Bildung. Fischer und Lange (2016, S. 117) bezeichnen die Thematisierung des Nationalsozialismus auch als demokratiepolitisches Konzept, da sich der Sinn demokratischer Werte und Institutionen in der Erkenntnis von Gewaltherrschaft und

8 Assmann (2013, S. 75) spricht von der „Mediatisierung der Erinnerung", da das Geschichtsbild heute von digitalen Medien geprägt wird und unser Verständnis von Vergangenheit mitbestimmt.

Unterdrückung eröffnen. Dabei nimmt die politische Bildung einen anderen Blickwinkel an und fragt, wie es möglich ist, Lehren aus der Geschichte zu ziehen, die in der Lage sind, für Ausgrenzungsformen zu sensibilisieren und wie aus der Vergangenheit Lehren für die Bewältigung gegenwärtiger Herausforderungen gezogen werden können (vgl. ebd.).

2.3 Der Diskurs um eine Holocaust Education in der Grundschule

In den ersten 40 Jahren nach Kriegsende wurde die Vermittlung des Themas Holocaust im deutschen Grundschulunterricht nicht in Veröffentlichungen diskutiert (vgl. Deckert-Peaceman 2002, S. 26). Dennoch wurde der Holocaust als ein Teil des Kriegsgeschehen oder als Hintergrundwissen über die Flüchtlingsproblematik in Einzelfällen erwähnt (vgl. ebd.). Die singuläre Thematisierung veränderte sich erst mit den gesamtgesellschaftlichen Auseinandersetzungen in den 1980er-Jahren, dazu beigetragen hat u. a. die US-amerikanische Fernsehserie „Holocaust", die 1979 in Deutschland eine große Öffentlichkeit erreichte, sowie politische Ereignisse wie die Rede Weizsäckers 1985 oder der „Historikerstreit" (vgl. ebd.). Offizielle Gedenktage wie der 40. Jahrestag nach Kriegsende am 8. Mai 1985 sowie der 50. Jahrestag des Novemberpogroms 1988 führten ebenfalls zu einer intensiveren Auseinandersetzung mit dem Holocaust in Schule und Gesellschaft (vgl. ebd. S. 33). Diese „intensive [gesellschaftliche und wissenschaftliche] Beschäftigung mit dem Holocaust" in den 1980ern wird als Ursache für die Öffnung der Holocaust Education gegenüber dem Primarbereich angesehen (vgl. Hanfland 2008, S. 25). Darüber hinaus eröffnete die international veränderte Holocaustforschung vielfältige Zugänge inner- und außerhalb der Schule (vgl. Deckert-Peaceman 2002, S. 27). Ebenfalls einen großen Einfluss auf die schulische Auseinandersetzung hatten die vermehrten Publikationen in Kinder- und Jugendliteratur, die sich mit dem Holocaust und Nationalsozialismus beschäftigten (vgl. ebd. S. 28). Zudem führten Veränderungen des Kindheitsbildes und auch die Veränderung vom Heimatkundeunterricht zum wissenschaftsorientierten Sachunterricht zu einer Erweiterung der Lerninhalte (vgl. Hanfland 2008, S. 25). Ein wichtiges Merkmal der veränderten Kindheit ist der meist uneingeschränkte Zugang zu Medien und damit auch zum Weltgeschehen (vgl. ebd. S. 26). Die veränderte Gedenkstättenpädagogik (durch lokale Biografien, Alltagsgeschichten und Sachquellen) eröffnete auch jüngeren Schüler*innen Zugänge zum Thema Holocaust. Darüber hinaus trug die Aufwertung der Geschichtsdidaktik sowie die Personalisierung der Holocaust Education dazu bei, auch Grundschulkinder als Adressat*innen in den Blick zu nehmen (vgl. ebd. S. 27). Dennoch begann die breite wissenschaftlich geführte Diskussion um eine Thematisierung in der Grundschule erst Mitte der 1990er. Als prägend dafür gelten das von Gertrud Beck herausgegebene Sachunterrichtsbuch „Sach- und Machbuch“ für das vierte Schuljahr in seiner Ausgabe für Hessen und Rheinlandpfalz (Beck 1990), das Themenheft der Grundschulzeitschrift „Holocaust als Thema in der Grundschule“ (Beck 1996) sowie die erste fachdidaktische internationale Tagung mit dem Titel „Der Holocaust. Ein Thema für Kindergarten und Grundschule?“ (Heyl und Moysich 1998), die 1997 in Hamburg stattfand (vgl. Hanfland 2008, S. 27). Die Hauptgründe, die bei der Tagung für und gegen eine Thematisierung des Holocaust und des Nationalsozialismus in der Grundschule angeführt wurden, werden in der Tabelle 2 abgebildet.

Tabelle 2: „Holocaust und Nationalsozialismus in der Grundschule – bipolare Positionen von Gertrud Beck und Matthias Heyl“ (vgl. Becher 2015, S. 35)

Pro – Positionen Gertrud Beck (1998)	Contra – Matthias Heyl (1998)
„In der Grundschule muss Erziehung in dem Bewusstsein betrieben werden, dass Auschwitz nie wieder sein darf.“	„Grundschulkinder können emotional und kognitiv überfordert, vielleicht sogar traumatisiert werden.“
„Kinder verfügen über Vorwissen.“	„Kinder werden nicht zwangsläufig mit dem Geschehen konfrontiert. Verunsichern wir sie nicht zu früh.“
„Der Holocaust ist ein Tabuthema der Erwachsenen, nicht der Kinder.“	„Erwachsene laufen selber Gefahr an der Komplexität des Geschehens irre zu werden.“
„Durch eine frühzeitige Thematisierung kann der Entstehung diffuser Ängste und der Aufbau von Vorurteilen verhindert werden.“	„Wir müssen den Kindern Geborgenheit und Sicherheit bieten. Alles, was Ohren und Augen schließen, was Kinder kalt machen könnte, ist zu vermeiden.“
„Kinder sind dem Thema gegenüber unbefangener. Das Grundschulalter ist besonders geeignet, um einen ersten Zugang zum Thema Holocaust zu ermöglichen.“	„Den unbefangenen Kindern ist der Zivilisationsbruch nicht zuzumuten.“
„Bildungsziele sind die Vermittlung der Würde des Menschen, Toleranz und Offenheit im Sinne einer Persönlichkeitsbildung.“	„Probleme wie Mehrheit und Minderheit, Ziele wie Toleranz und Offenheit bedürfen nicht der Thematisierung des Holocaust, Gefahr der Instrumentalisierung.“
„Es müssen und können Eindrücke der Komplexität der geschichtlichen Ereignisse ermöglicht werden.“	„Die Komplexität des Holocaust braucht eine genaue, mühsame und radikale Selbstreflexion. Auschwitz verlangt im Denken unsere ganze Anstrengung.“

Bei der Fachtagung zur Thematisierung des Holocaust in der Primarstufe findet sich eine große Spannbreite an Positionen wieder: von der Notwendigkeit der historischen Aufklärung Dreijähriger bis zu einer „Erziehung nach Auschwitz ohne Auschwitz“, d. h. einer Holocaust Education, die sich durch soziales Lernen und Förderung von Empathie, Autonomie und Toleranz auszeichnet, ohne den Holocaust zu thematisieren (Abram und Mooren 1998, S. 96). Bei den ablehnenden Haltungen steht vor allem die Schutzbedürftigkeit der Kinder im Vordergrund und die Frage, ob eine frühe Thematisierung notwendig ist sowie die Befürchtung einer Bagatellisierung des Themas durch didaktische Reduktion (Heyl 1998, S. 121). Auf der anderen Seite wird entgegnet, dass eine Tabuisierung des Themas zu Ängsten führen könnte und die Kinder dem Thema Holocaust in der Regel sowieso in ihrer Lebenswelt begegnen (Beck 1998, S. 111). Die Schule stünde daher in der Pflicht, die aufkommenden Fragen pädagogisch angemessen zu begleiten (ebd.). Mittlerweile löst die Frage, ob Holocaust und Nationalsozialismus im Sachunterricht thematisiert werden dürfen, keine Grundsatzdebatte mehr aus (vgl. Becher 2015, S. 13). Dazu beigetragen haben die empirischen Forschungen in den vergangenen 15 Jahren. Diese Befunde sollen im folgenden Kapitel überblicksartig vorgestellt werden.

2.4 Forschungsbefunde zum Lerngegenstand Nationalsozialismus und Holocaust in der Grundschule

Von besonderer Bedeutung für die jüngste Entwicklung der wissenschaftlichen Diskussionen sind die vorliegenden empirischen Befunde über das Wissen und die Vorstellungen von Kindern zu den Themen Nationalsozialismus und Holocaust. Relevant für diese Arbeit sind dabei vor allem die Ergebnisse und Interpretationen der Präkonzepte der Kinder, da darauf aufbauend didaktische Ansätze zur Thematisierung in der Grundschule erarbeitet werden.

2.4.1 Heike Deckert-Peaceman (2002): „Holocaust als Thema für Grundschulkinder?“

Die Dissertation von Frau Deckert-Peaceman mit der Fragestellung „Holocaust als Thema für Grundschulkinder?“ wird im aktuellen Diskurs als eine der ersten relevanten Studien häufig zitiert. Die Studie beruht auf einer ethnografischen Feldforschung zur Holocaust Education am Beispiel einer Fallstudie aus dem amerikanischen Grundschulunterricht in New Jersey. In New

Jersey ist das Thema Holocaust und Genozid ab der Vorschulklasse gesetzlich in den Lehrplänen verankert, dabei wird allerdings nicht ersichtlich, ob dies eine explizite Beschäftigung mit dem Holocaust oder eine allgemeine Toleranzerziehung meint (vgl. Deckert-Peaceman 2002, S. 312). Dementsprechend unterschiedlich intensiv sind die Auseinandersetzungen in der Schulpraxis. Deckert-Peaceman untersuchte den Unterricht einer Lehrerin, die seit 1994 jedes Jahr im dritten Schuljahr das Thema Holocaust ausführlich unterrichtet und diesen Prozess dokumentiert hat (ebd. S. 161). Als Zugänge zur unterrichtlichen Vermittlung wählte Deckert-Peaceman die Kombination von drei Methoden: der teilnehmenden Beobachtung im Feld (also im Unterricht), Videoaufzeichnungen und Interviews (vor allem mit der Lehrperson sowie zwei Zeitzeug*innen, die im Unterricht das Thema vermittelten) (ebd. S. 173). Die Fallstudie weist darauf hin, dass die Lehr- und Lernprozesse über das Thema Holocaust im Unterricht vielfältige Bezüge zu der gesamtgesellschaftlichen Genese aufzeigen und womöglich „nicht ohne die Intensivierung des öffentlichen Bewußtseins über die Thematik sowie die Entwicklung der *Holocaust education* in den Schulen in dieser Form stattgefunden [hätten]“ (vgl. ebd. S. 311). Die Erkenntnisse der 2002 veröffentlichten Fallstudie Deckert-Peacemans beziehen sich grundsätzlich nur auf den untersuchten Fall aus dem amerikanischen Grundschulunterricht. Darauf aufbauend wurde die Relevanz für die deutsche Grundschulpädagogik diskutiert. Frau Deckert-Peaceman sagt zur Aussagekraft ihrer Studie, dass die Fallstudie das gesamtgesellschaftliche Narrativ, das in den Vereinigten Staaten über den Holocaust zu erkennen ist, widerspiegeln würde und zugleich „das individuelle Portrait eines Unterrichts über das Thema Holocaust in der Grundschule“ sei (vgl. Deckert-Peaceman 2002, S. 317). Das Verhältnis zwischen einem gesamtgesellschaftlichen Narrativ über den Holocaust und der Vermittlung in Deutschland ist um einiges komplizierter. Deckert-Peaceman begründet das fehlende gesamtgesellschaftliche Narrativ in Deutschland mit der schwierigen Frage nach der deutschen Identität (vgl. ebd.). Deutschland als „Täternation“ nimmt eine völlig andere Rolle ein als die USA, die heroisch zur Befreiung und zum Kriegsende beigetragen haben und als Besatzungsmacht am Neuaufbau der BRD maßgeblich beteiligt waren. „Die tiefe Wunde, die der Holocaust im Täterkollektiv Deutschland hinterlassen hat, [lässt] sich nicht durch eine linear erzählte Geschichte mit Happy End abdecken“ (ebd. S. 318). Bei einem Transfer der Fallstudie aus den USA auf den deutschen Kontext müssen die Unterschiede in der gesellschaftlichen Leiterzählung zur Erinnerung an historische Ereignisse berücksichtigt werden (vgl. ebd.). Das gesamtgesellschaftliche Narrativ der USA orientiert sich an der Opfer- und Retterperspektive, während in Deutschland eher die Frage nach der Täter- und Zuschauerperspektive gestellt werden muss (vgl. ebd.). Gerade die Annäherung an die Täterperspektive wird jedoch für den Grundschulunterricht als problematisch angesehen (vgl. ebd. S. 319). Eine direkte Übertragung der Studie für den deutschen Grundschulunterricht ist daher nicht möglich. Dennoch weist die Fallstudie erste Möglichkeiten und Grenzen eines Lehr- und Lernprozesses über das Thema Holocaust für die Grundschuldidaktik auf. So zeigt das amerikanische Beispiel Möglichkeiten, die Erinnerung an den Holocaust im Rahmen einer Menschenrechtserziehung zu reflektieren (vgl. ebd. S. 318). Mit der Forschungsarbeit von Heike Deckert-Peaceman wurden erstmals empirisch fundiert internationale Ansätze und ihre Möglichkeiten und Problematiken zur Holocaust Education im Unterricht mit Kindern untersucht. Die Studie wird daher auch als „wegweisende Studie" bezeichnet, da sie mit Blick auf US-amerikanische Konzeptionen auch erstmals systematisch die Möglichkeiten für die deutsche Grundschule auslotet (Enzenbach und Pech 2012, S. 9). Vor allem führte die Studie zu weiteren empirischen Forschungen in Deutschland, die hier näher betrachtet werden sollen.

2.4.2 Andrea Becher (2009): „Die Zeit des Holocaust in Vorstellungen von Grundschulkindern. Eine empirische Untersuchung im Kontext Holocaust Education"

Becher bezeichnet den Holocaust als einen „bis in die Gegenwart prägenden Gegenstand in der deutschen Gesellschaft, dem Kinder nicht entgehen können" (ebd. S. 15). Die theoretische Debatte, ob die Behandlung des Holocaust und des Nationalsozialismus in der Grundschule notwendig und legitim seien, bezeichnet sie daher als überholt und erschöpft (ebd. S. 17). Die Auseinandersetzung mit der Geschichte des Nationalsozialismus und dem Holocaust sind nach Becher Pflichtaufgaben der Schule (ebd. S. 15). Für eine angemessene Holocaust Education in der Grundschule sind jedoch weitere empirische Forschungen zu Vorstellungen der Lernenden, der Lehrenden und zu den vorhandenen Unterrichtsmaterialien notwendig (vgl. ebd. S. 17). Anliegen Bechers Forschungsarbeit ist es, die Forschungslücke über die Lernvoraussetzungen von Kindern zu Nationalsozialismus und Holocaust ein Stück weit zu schließen (ebd. S. 18). Bechers übergeordnet-leitende Fragestellung lautet folgendermaßen (ebd.): *„Wie kann der Lerngegenstand Holocaust im Kontext Holocaust Education in der Grundschule für integrativ-sozialwissenschaftlichen Sachunterricht didaktisch rekonstruiert werden?"* In Bechers Forschungsarbeit dient das ***Forschungsmodell der didaktischen Rekonstruktion*** als strukturgebendes Forschungsparadigma (vgl. ebd. S. 20). Merkmal des Forschungsmodells der didaktischen Reduktion ist, „dass der Fokus auf den Anschauungen und inneren Tätigkeiten von Schülern und Schülerinnen zu einem bestimmten Sachverhalt liegt" (ebd. S. 19). Dadurch soll der zu lernende Sachverhalt aus der Perspektive der Lernenden bestimmt werden und diese Perspektive für die Unterrichtsplanung genutzt werden (vgl. ebd.). Die Vorstellungen der Schüler*innen werden als Ausgangspunkt des Lernens eingeordnet und als in sich stimmig und kohärent angesehen (vgl. ebd. S. 20). Wichtig dabei ist auch, dass die von fachlichen Vorstellungen abweichenden Anschauungen der Kinder nicht als Fehlkonzepte eingestuft werden (ebd.). Anhand verbaler Äußerungen und Darstellungen der Kinder in qualitativen Einzel- und Gruppeninterviews werden die Vorstellungskonstrukte der Grundschulkinder zum Lerngegenstand Holocaust rekonstruiert. Als Impulsmaterialien für die qualitativen Interviews bedient sich Becher an zwei visuellen Objekten, einmal einer Farbkopie des Kinderausweises der deutschen Jüdin Marion Blumenthal sowie der Kopie des Reisepasses von deren Mutter Ruth Blumenthal und an einem auditiven Ausschnitt aus einer Unterhaltung Marion Blumenthal Lazans mit Schüler*innen einer dritten Klasse über ihr Leben zur Zeit des Dritten Reichs (ebd. S. 92). Die Impulsmaterialien dienen als Anknüpfungspunkte im Hinblick auf inhaltliche Themeneinheiten der Interviewstruktur und werden von Becher zur Erhebung der kindlichen Vorstellungen zum Lerngegenstand Holocaust angewandt (ebd. S.92). In den Reisepässen sichtbare Details wie das eingestempelte „J“, der zusätzliche Vorname „Sara“, Symbole des Reichsadlers mit Hakenkreuz im Eichenkranz sowie die Staatsangehörigkeit „Deutsches Reich“ in Ruth Blumenthals Reisepass und die Unkenntlichmachung der Staatsangehörigkeit im Ausweis ihrer Tochter werden bei den inhaltlichen Themeneinheiten der Interviewstruktur berücksichtigt (ebd. S. 96). Für die qualitativen Interviews nutzte Becher halbstrukturierte und strukturierte Fragen bezogen auf die visuellen Impulse und eventuell auftretende Nennungen der Proband*innen, wie z. B. „Was weißt du über diese Zeichen (Hakenkreuz)?“, „Was kannst du mir über Hitler erzählen“ und „Konnte man etwas dagegen tun?“ (ebd. S. 101). Becher erarbeitet im Rahmen des qualitativen Auswertungsprozesses sieben Vorstellungskonstrukte zum Lerngegenstand Holocaust (ebd. S. 140). Die verbalen Äußerungen und Darstellungen der Proband*innen wurden durch die übergeordneten Fragestellungen qualitativer Inhaltsanalyse in kumulative Vorstellungskonzepte überführt, die zusammengefasst als „Vorstellungskonzeptionen“ oder mit der Metapher „Vorstellungsbücher“ bezeichnet werden (vgl. ebd.). Insgesamt rekonstruiert Becher sieben „Vorstellungsbücher“, zu den untersuchten Inhaltsbereichen, von denen sich vier als Schlüsselkategorien zusammenfassen lassen (vgl. ebd.):

- „Hitlerzentrismus“

Die erste Schlüsselkategorie bezeichnet Becher als „Hitlerzentrismus“. Insgesamt ist auffallend, dass Hitler eine zentrale Schlüsselfigur einnimmt und alle Vorstellungen zum Lerngegenstand Holocaust dominiert (vgl. ebd. S. 142). Hitler wird von den Kindern als „die Macht innehabende, ausübende und machtsuchende Person“ geschildert, der sich die Menschen im Dritten Reich, im Alltagsleben vor und während des Zweiten Weltkrieges sowie als Kriegsteilnehmer nicht widersetzen konnten (vgl. ebd.). Hitler wird dabei als alleiniger Initiator und „Motor des Krieges“ wahrgenommen (vgl. ebd. S. 144). Die Proband*innen verstehen unter der Machtausübung Hitlers vor allem Gewalttaten und Drohungen gegen Leib und Leben der deutschen Bevölkerung (vgl. ebd. S. 143). Darüber hinaus wird in den Vorstellungsbildern der Kinder Hitler als „Synonym für den 2. Weltkrieg“ benutzt und gleichgesetzt für „Deutschland“ (vgl. ebd. S. 144). Die Vorstellungskonzeption zur Person Hitlers als „das personifizierte Böse“ (vgl. ebd. S. 142) dominiert dabei alle weiteren Inhaltsbereiche und Vorstellungskonzepte. Die Handlungs- und Denkoptionen Adolf Hitlers nehmen auch bei den Vorstellungskonzepten zum Zweiten Weltkrieg eine dominierende Stellung ein (vgl. ebd. S. 158). Hitler gilt als „Erfinder und Initiator der Judenverfolgung und -ermordung“, als alleiniger Akteur, der die Tötung befahl und selbst durchführte (vgl. ebd. S. 146). Insgesamt lässt sich in den Vorstellungen der Kinder eine Allein-Verantwortlichkeit Hitlers für die Geschehnisse im Dritten Reich nachzeichnen (vgl. ebd.). Die deutsche Bevölkerung trifft in den Vorstellungen der Kinder keine Schuld, da diese durch Hitler verführt worden sei und keine andere Wahl gehabt hätte (vgl. ebd. S. 199).

- „Latent antisemitische Fragmente“

Als zweite Schlüsselkategorie arbeitet Becher latent antisemitische Fragmente in den Vorstellungsbildern der Kinder heraus (ebd. S. 201). Becher stellt „defizitäre Kenntnisse der Kinder zum Judentum sowie den nicht auszumachenden Vorstellungen zur Genese der ideologisch-fundierten Verfolgungsgründe des rassistischen Antisemitismus“ fest (ebd.). Von den Kindern wird die Religionszugehörigkeit und nicht eine rassistische Ideologie als Grund der Verfolgungsmotivation durch Hitler und die Nationalsozialist*innen angeführt (vgl. ebd.). Diese Ergebnisse decken sich mit anderen Studien, in denen Juden und Jüdinnen von den Lernenden ausschließlich als Fremde und Ausländer*innen definiert und in ihrer Opferrolle betreffend der Vergangenheit gesehen werden (Kerns 2003, S. 58 zit. nach ebd.). Damit fehlt den Schüler*innen sowohl der Primar- als auch der Sekundarstufe ein Bewusstsein darüber, „dass Judentum nichts über die Nationalität eines Menschen aussagt, sondern über die Zugehörigkeit zu einer Religion“ (Becher 2009, S. 201). Becher sieht in dieser unbewussten Stereotypisierung die „Reproduzierung tradierter Vorurteile“ (ebd. S. 202). Juden und Jüdinnen werden als Fremde gesehen und in den Vorstellungsbildern der Kinder wird zwischen „uns“ und „ihnen“ unterschieden (vgl. ebd. S. 204). Damit unterscheiden die Kinder zwischen sich als „WIR-Gruppe“ und der assoziierten Fremdgruppe anhand des Differenzierungsmerkmals der Religionszugehörigkeit. Dieses Verhältnis ist teilweise ambivalent, da die Kinder mit den Verfolgten mitleiden und bescheinigen, dass Juden und Jüdinnen normale Menschen „wie du und ich“ sind. Gleichzeitig übertragen sie kollektive antisemitische Deutungsmuster auf beide Blumenthals und begründen ihre Verfolgung durch ihre Andersartigkeit (vgl. ebd. S. 203). Zu erklären ist dies teilweise damit, dass den Kindern „Juden“ unbekannt sind, sie werden als „Abstraktum“ und etwas „Unklassifizierbares“ wahrgenommen (vgl. ebd.). Nur wenn die Kinder konkrete Vorstellungsbilder bekommen, wie durch die biografische Geschichte der Blumenthals, weicht das abstrakte Differenzierungsmerkmal „Jude“ auf und die Kinder nehmen jüdische Menschen „wie dich und mich“ wahr (vgl. ebd.). Becher geht davon aus, „dass die Vorstellungskonzepte der Kinder zum Judentum von stillschweigenden und daher einfach zu reproduzierenden Fragmenten eines Alltagsantisemitismus durchdrungen sind“ (ebd. S. 204).

- Das „Drei-Strukturen-Modell“ der Judenverfolgung und -ermordung

Das „Drei-Strukturen-Modell“ bezeichnet den Vernichtungsprozess als „drei organisch aufeinander folgende Schritte: *Definition – Konzentration (oder Ergreifung) – Vernichtung*. […], da keine Gruppe ohne vorhergehende Konzentration respektive Ergreifung der Opfer getötet werden kann und da keine Opfer ergriffen werden können, bevor der Täter nicht weiß, wer zu der Gruppe gehört“ (Hilberg 1999, S. 1067 zit. nach Becher 2009, S. 205). Diese Strukturen lassen sich auch in den „Vorstellungsbüchern“ zur Judenverfolgung bei den interviewten Kindern wiederfinden. Die Grundschüler*innen wurden nicht explizit nach dem Völkermord befragt, dennoch wurde gezeigt, dass sie bereits Vorstellungen zum Genozid an den Juden und Jüdinnen haben (vgl. ebd. S. 205). Die Proband*innen stellen Strukturen und Mechanismen der systematischen Judenverfolgung und -ermordung inhaltlich dar und gehen detailliert auf Prozesse der Ausgrenzung und Diskriminierung ein (vgl. ebd.). Auch die Vorstellungen zum Holocaust sind dominant verknüpft mit der Person Hitlers (vgl. ebd. S. 205). Wieder wird die religiös geprägte Antipathie Hitlers gegenüber den Juden und Jüdinnen als Auslöser der Verfolgung geschildert (ebd.). Die interviewten Grundschulkinder verbinden die Judenverfolgung und -ermordung mit Lagern und/oder Gefängnissen für Juden und Jüdinnen (vgl. ebd. S. 206). Den Genozid begründen sie mit einem „kirchlichen Antisemitismus“ (ebd. S. 207). Juden und Jüdinnen werden in den Vorstellungskonzepten der Grundschulkinder als Gefahr für das Christentum abgebildet (vgl. ebd.). Dieser wahrgenommene Antijudaismus als Verfolgungsgrund wird durch weitere Studien gestützt, in denen jüngere Lernende ein überwiegend „diffus-christlich […] aufgeladene[s] Judenstereotyp“ aufweisen, während Jugendliche oft von einem rassistischen Menschenbild des Nationalsozialismus und einem ausschließlichen Vernichtungswillen ausgehen (Weismann 2002, S. 11; Silbermann und Stoffers 2002, S. 224 zit. nach ebd.).

- Familien-Album vs. gesellschaftliches Lexikon

Die Ergebnisse der Studie zeigen auch, dass bei den interviewten Kindern von einer Rahmung ihrer Vorstellungsgenerierung auszugehen ist (vgl. Becher 2009, S. 210). Insbesondere die Vorstellungen zu Denk- und Handlungsoptionen der Bevölkerung scheinen dabei stark von den familiären Erzählungen geprägt (vgl. ebd.). Es besteht ein „Fortleben der Vergangenheit in familiären Alben mit generationsübergreifender Verwendung von vereinfachenden und vereindeutigenden Topoi sowie Stereotypisierungen und Mythenbildung" (ebd. S. 211). Bechers Datenerhebungen begannen vor über 15 Jahren. Die Proband*innen sind damit zumeist Urenkel*innen der „Tätergeneration". Das Familiengedächtnis wird also überwiegend von Erzählungen der Großeltern geprägt, die den Krieg als (Klein-)Kinder miterlebt haben. Die intergenerationell geprägten Vorstellungskonzepte der Grundschulkinder zum Lerngegenstand betreffen damit ausschließlich Inhalte des Alltaglebens der Verwandten in der Vor-, Kriegs- und Nachkriegszeit (vgl. ebd. S. 212). Vorstellungskonzepte zu Strukturen der Judenverfolgung und -vernichtung haben keinen Platz im intimen, emotionalen „Familien-Album", sondern sind Bestandteile des kognitiv dominierten „gesellschaftlichen Lexikons" (vgl. ebd.). Auch finden sich deutsche Opfernarrative vom „Bombenkrieg" in den Erzählungen der Kinder, die vom sinnlosen Kampf der Alliierten gegen unschuldige deutsche Frauen und Kinder berichten (vgl. ebd.). Ebenfalls vorhanden ist der Topos des „guten Amerikaners" (vgl. ebd.). Die Vorstellungsbilder, die Becher in ihrer Studie rekonstruiert, weisen darauf hin, dass Kinder bereits im Grundschulalter problematische Deutungsmuster des gesellschaftlichen Erinnerungsdiskurses übernehmen.

2.4.3 Alexandra Flügel (2009): Nationalsozialismus und Holocaust im Spiegel kindlicher Reflexions- und Kommunikationsprozesse

Alexandra Flügel untersucht in ihrer Studie den Einfluss des aktuellen gesellschaftlichen Erinnerungsdiskurses auf die Geschichtskonstruktionen im Grundschulunterricht. Die Studie basiert ebenfalls auf qualitativen Interviews mit Dritt- und Viertklässler*innen. Flügel stellt fest, dass bei der Auseinandersetzung mit dem Thema Holocaust verschiedene „Verarbeitungsstrategien" von den Kindern herangezogen werden (vgl. ebd. S. 301). Für die Kinder erscheint es notwendig, die eigene Familiengeschichte frei von Tätergeschichten zu halten und die meisten befragten Schüler*innen haben unaufgefordert Familiengeschichten erzählt. „Das Thema Nationalsozialismus evoziert Fragen der Identität, der eigenen Verortung, Herkunft und aktuellen Positionierung" (ebd. S. 302). In dem Erzählen von Opfergeschichten der Angehörigen von Kindern bringen sich diese auf die moralisch „gute" Seite (vgl. ebd. S. 303). Das Erzählen familiärer Opfergeschichten interpretiert Flügel als moralische Positionierung, die eine „identitätsstabilisierende Situation" für die Kinder bietet (ebd.). Die Kinder nehmen darüber hinaus auch verwundete Wehrmachtssoldaten und die deutsche Zivilbevölkerung ins Opfernarrativ auf und zeigen damit Parallelen zum gesellschaftlichen Erinnerungsdiskurs auf (vgl. ebd.). Zur Funktion des „kulturellen Gedächtnisses" gehören identitätsstiftende und -stabilisierende Momente, die durch den negativen Bezugspunkt Nationalsozialismus für die Angehörigen des Täterkollektivs brüchig werden (vgl. ebd.). Ein Ausweg aus dem Dilemma findet sich durch die familiär-kulturelle Verortung zum Opferkollektiv (vgl. ebd.). Einige Interviewsequenzen weisen sowohl auf eine Stereotypisierung der Opfer als auch der Täter*innen hin (vgl. ebd. S. 311). So wird der Täterkreis vor allem auf Hitler und einige Nazis beschränkt (vgl. ebd.). Andere Personen aus dem Täterkreis, wie die eigenen Großeltern, werden davon ausgeschlossen. Insgesamt lässt sich eine persönliche Inbezugnahme zum Thema feststellen. Durch die Integration der Familiengeschichten stellen die Kinder eine Nähe zu ihrer Lebenswelt her und bekunden eine persönliche Involvierung in die Geschichte (vgl. ebd.). Das Involviertsein durch die Verortung im Opferkollektiv findet sich auch in Erzählungen von „Migrantenkindern", deren Familie in der Zeit des Nationalsozialismus nicht im „Deutschen Reich" gelebt haben (vgl. ebd.). Die Studie weist darauf hin, dass Grundschulkinder in der Lage sind, die Geschichte des Nationalsozialismus der realen Welt zuzuordnen und den Unterschied zum Fiktionalen zu benennen (vgl. ebd. S. 308). Flügel stellt die Vermutung auf, dass die emotionalen Bewältigungsstrategien aus dem Raum des Fiktionalen und Medialen für die Auseinandersetzung zeitweise aktiviert werden (ebd.). Daher besteht durchaus die Gefahr, dass die notwendige Rahmung zwischen der realen Welt des Nationalsozialismus und der fiktiven Welt nicht erfolgt und kognitiv keine bewusste Trennung vollzogen wird (vgl. ebd. S. 309). Die „widersprüchliche Beziehung zwischen Distanz und Nähe" sieht Flügel zum einen in der „ambivalenten Situation des institutionellen Bildungsprozesses" begründet und zum anderen als „ein Ausdruck des identitätsverunsichernden Charakters der Thematik" (ebd. S. 310). Eine Nicht-Thematisierung und Schonhaltung von Erwachsenen wird von den Kindern jedoch als Statusabwertung verstanden (vgl. ebd. S. 315). Gesellschaftlich wird Kindheit über den Zugang oder Ausschluss von Themen konstruiert (vgl. ebd.). Die Kinder verwehren sich der von Erwachsenen konstruierten „Kindheitsvorstellung als Schonraum" (ebd.). Die Fragen nach einer möglichen Überforderung der Grundschulkinder und der Angemessenheit der Umgangsweisen mit dem Thema Nationalsozialismus und Holocaust sind eng miteinander verknüpft (vgl. ebd. S. 318). Kinder setzen verschiedene Balance schaffende Mechanismen ein, die ein Spannungsfeld zwischen Nähe und Distanz, Involviertsein und Entfernung zur Lebenswelt zum Ausdruck bringen (vgl. ebd.). Flügel sieht die Frage der Angemessenheit im Umgang mit der nationalsozialistischen Vergangenheit nicht unbedingt als eine Frage des Alters an, sondern als eine Frage nach der Ermöglichung von Reflexion und kritischer Auseinandersetzung (ebd. S. 319).

2.4.4 Vera Hanfland (2008): „Holocaust – ein Thema für die Grundschule? Eine empirische Untersuchung zum Geschichtsbewusstsein von Viertklässlern"

Vera Hanfland nimmt einen stark geschichtsdidaktischen Blickwinkel ein und untersucht die themenspezifischen Lernvoraussetzungen und Leistungsmöglichkeiten der Kinder mit der übergeordneten Fragestellung: „Über welche notwendigen Voraussetzungen und Fähigkeiten zum historischen Lernen im Allgemeinen und zur Auseinandersetzung mit dem Thema Holocaust im Besonderen verfügen Grundschulkinder?" (Hanfland 2008, S. 11). Dabei untersucht sie exemplarisch die Ausprägung des Geschichtsbewusstseins bei Viertklässler*innen und orientiert sich an den Pandel'schen Kategorien, um Möglichkeiten und Grenzen der unterrichtlichen Auseinandersetzung mit dem Thema „Holocaust" abzuleiten (vgl. ebd.). Ihre Untersuchung weist darauf hin, dass Kinder anhand verschiedener Operatoren historische Sinnbildungsprozesse durchlaufen und versuchen, sich die historische Wirklichkeit zu erschließen (ebd. S. 200). Narrative Kompetenzen werden dabei als Voraussetzung und Basiskompetenzen für die historische Sinnbildung verstanden (vgl. ebd. S. 217). Hanfland empfiehlt daher einen ersten Zugang frühestens ab der 4. Klasse. Als zentral für die historische Sinnbildung betrachtet Hanfland die Fähigkeit und das Bedürfnis nach Perspektivenwechsel und Identifikation (ebd. S. 218). Identifikation und Perspektivenwechsel dienen neben der Erschließung der historischen Wirklichkeit der Anbahnung von Solidarität und Empathie und sind darüber hinaus relevant für politisches Lernen (vgl. ebd.). Hanflands Studienergebnisse deuten darauf hin, dass sich diese Kompetenzen bei den meisten Grundschulkindern zunächst auf ihnen bekannte Personen beschränken. In ihrer Untersuchung zeigen die Kinder vor allem Solidarität und Empathie gegenüber Freund*innen und ihrer Familie und sehen in diesen Identifikationsfiguren, wohingegen eine Übertragung auf unbekannte Personen nur selten stattfindet (vgl. ebd.). Die dafür notwendige Abstraktionsleistung, die in letzter Konsequenz zur Forderung nach Einhaltung der Menschenrechte für alle Menschen führt, gelingt einigen Kindern erst nach einem intensiven Gruppendiskurs (vgl. ebd.). Hanflands Ergebnis unterstreicht die Bedeutung eines biografischen Zugangs zu dem Thema Menschenrechte im Allgemeinen und zu dem Thema Holocaust im Besonderen und kommt zu dem Schluss, dass dieser wesentlich ist (vgl. ebd.) Die biografische Erzählung sollte im besten Falle möglichst viele Informationen zum Alltagsleben beinhalten, z. B. zu den Bereichen Wohnen, Kleidung, Schule, Spiele, Freunde, Ernährung. Lokale Biografien unterstreichen dabei zusätzlich den Realitätscharakter. Darüber hinaus empfiehlt sie eine multiperspektivische Herangehensweise sowie den Austausch über moralische Dilemmata (ebd. S. 218). Gegenwartsbezüge sollten den ersten Zugang zur Vergangenheit bieten (ebd.). Sie empfiehlt, für den Identifikationsprozess Opferbiografien auszuwählen, um die Empathiefähigkeit und die Anbahnung von Solidarität und Toleranz zu fördern (ebd. S. 220). Darüber hinaus sollten weiterführende Reflexionen über die Bedeutsamkeit von Menschenrechten geführt werden (ebd.). Flügel sieht die Lehrperson in der Verantwortung, eine kognitive und emotionale Überforderung zu verhindern. Dafür bedarf es einen in hohem Maße strukturierten, konstruktiven Lernprozess sowie regelmäßigen diskursiven Austausch in der Gruppe (vgl. ebd. S. 221).

2.4.5 *Isabel Enzenbach (2011): Klischees im frühen historischen Lernen. Jüdische Geschichte und Gegenwart, Nationalsozialismus und Judenfeindschaft im Grundschulunterricht*

Enzenbach führte eine Studie zum Grundschulunterricht am Berliner Beispiel (bis Klasse 6) durch, die den Input der Thematisierung jüdischer Geschichte, der Geschichte des Nationalsozialismus und Antisemitismus durch Analyse der Lehrpläne und Schulbücher, Auswertung grundschuldidaktischer Literatur sowie Interviews mit Lehrpersonen untersucht. Konkret ging Enzenbach dabei folgenden zwei Fragen nach (Enzenbach 2011, S. 11):

> „Was lernen Acht- bis Zwölfjährige Kinder in der Schule zu jüdischer Geschichte und jüdischem Leben, zu Nationalsozialismus und Judenfeindschaft?“

> „Welche Rolle spielt dieser Themenkomplex in der ersten Phase historischen Lernens?“

Durch eine Fragenbogenerhebung wurde die Motivation der Lehrenden und ihre Einschätzungen zum Gelingen der Unterrichtseinheiten untersucht und die Stichprobe erhoben (vgl. Enzenbach 2011, S. 221). Die Auswertungen ergaben, dass die nationalsozialistische Judenverfolgung Schlüsselthema des frühen historischen Lernens an Berliner Grundschulen ist (ebd. S. 270). Ein Berliner Kind lernt mit großer Wahrscheinlichkeit bereits in der Grundschule etwas über die Verfolgung und Ermordung der Juden und Jüdinnen im Dritten Reich (vgl. ebd.). Mehr als 78 % der befragten Lehrpersonen geben an, zu dem Thema zu unterrichten (vgl. ebd. S. 225). Die Frage, was die Schüler*innen aus den Unterrichtsinhalten lernen, ist dahingegen schwieriger zu beantworten. Enzenbach stellt eine enorme Spannbreite an Unterrichtsqualitäten fest, auch aufgrund der fehlenden Systematik oder Verbindlichkeit durch Lehrpläne (vgl. ebd. S. 270). Im idealtypischen Verlauf werden Anknüpfungspunkte aus der Lebenswelt, die aufgrund der hohen medialen und erinnerungskulturellen Präsenz nationalsozialistischer Verbrechen vielseits gegeben sind, fächerübergreifend aufgegriffen (vgl. ebd.). Schüler*innen sollen jüdische Geschichte nicht nur als Verfolgungsgeschichte, sondern Juden und Jüdinnen als glaubwürdige Subjekte einer gemeinsamen Geschichte kennenlernen (vgl. ebd. S. 271). In den meisten Fällen ist jedoch das Gegenteil der Fall und das vermittelte Bild von Juden und Jüdinnen daher als problematisch einzustufen (vgl. ebd.). Kritisiert wird, dass im Unterricht kaum thematisiert wird, dass sich die nationalsozialistischen Verbrechen nicht nur auf Juden und Jüdinnen beschränkten, sondern auf einer gewaltverherrlichenden Ideologie der Ungleichheit beruhten und auch Menschheitsverbrechen gegen andere soziale und ethnische Gruppen zur Folge hatten (vgl. ebd. S. 271). Außerdem fehlen angemessene Unterrichtsmaterialien und Konzepte, die einer multiethischen und multireligiösen Schülerschaft gerecht werden (vgl. ebd.). Enzenbach stellt zum Teil uneindeutige Zeitwahrnehmungen bei Kindern fest, da Schüler*innen nachfragen, ob Konzentrationslager noch immer existieren oder ob nationalsozialistische Gesetze wieder Gültigkeit haben. Aufgrund solcher problematischer Beobachtungen und der Komplexität des Themas sowie der Tatsache, dass nur wenige Grundschullehrer*innen eine geschichtsdidaktische Ausbildung haben, ist eine besonders gute inhaltliche Vorbereitung der Lehrenden notwendig (Enzenbach 2013, S. 143). Enzenbach hält daher eine verbindliche Aufnahme in die Lehrpläne nur bei entsprechender Ausbildung der Lehrpersonen für sinnvoll und fordert einen dringenden Austausch zwischen den Fachdidaktiken des Sach-, Geschichts- und Politikunterrichts sowie der jüdischen Studien und der Vorurteils- und Antisemitismusforschung (vgl. Enzenbach 2011, S. 272).

2.4.6 *Christina Klätte (2012): Kenntnisse von Grundschulkindern über Nationalsozialismus und Judenverfolgung*

Klättes quantitativ ausgelegte Untersuchung knüpft an die zentralen Ergebnisse der fachdidaktischen Forschungen (Becher 2009, 2015; Flügel 2009), nach denen bereits Neun- und Zehnjährige über Kenntnisse zum Nationalsozialismus und Holocaust verfügen, an. Sie möchte eine verallgemeinernde Untersuchung zu den Kenntnissen von Grundschulkindern durchführen (Klätte 2012a). Ihre Forschungsfragen lauten: „Stellt das vierte Schuljahr möglicherweise den geeigneten Zeitpunkt für eine erste Thematisierung der Zeit des Nationalsozialismus dar? Welchen Einfluss hat der familiäre Hintergrund (sozioökonomische Hintergrund, Einwanderungsgeschichte) auf die Kenntnisse der Kinder?“ (vgl. ebd. S. 86). Die Datenerhebung erfolgte anhand von schriftlichen Fragebögen für die Schüler*innen, die den soziodemografischen Hintergrund behandelten sowie Multiple-Choice-Aufgaben mit vier Antwortmöglichkeiten und offene Aufgaben zu den Themenbereichen Nationalsozialismus, Zweiter Weltkrieg, Judenverfolgung enthielten (vgl. ebd. S. 87). Um zuverlässige Informationen zu strukturellen Merkmalen der Schülerfamilien zu erhalten, wurden die Eltern ebenfalls befragt (vgl. ebd.). Darüber hinaus wurden die Klassenlehrer*innen zu ihren Vorstellungen zu einer Thematisierung der NS-Zeit sowie eventuellen Unterrichtserfahrungen der Schulklassen befragt (vgl. ebd.). Insgesamt wurden über 800 Viert- und wenige Drittklässler*innen[9] in Berlin, Brandenburg und Nordrhein-Westfalen an 30 verschiedenen Grundschulen befragt sowie 694 Familien und 59 Lehrkräfte (vgl. ebd. S. 88). Die Befragung zeigte, dass die meisten Kinder (77,6 %) Nationalsozialismus als Thema sehr spannend finden und gerne mehr darüber erfahren würden (ebd. S. 98). In 30 von 67 der untersuchten Grundschulklassen hat eine Thematisierung stattgefunden. Auffallend ist, dass dies in Brandenburg (23,8 %) deutlich seltener geschah als in Berlin (50 %) oder in Nordrhein-Westfalen (57,1 %) (vgl. ebd. S. 91). Dabei variierten die Angaben der Lehrpersonen zum Umfang der Lerninhalte vom einstündigen Unterrichtsgespräch bis zur 20-stündigen Projektwoche (vgl. ebd.). Mehr als die Hälfte der Eltern (63 %) gaben an, mit ihrem Kind bereits über die Zeit gesprochen zu haben, während fast alle Kinder (90,4 %) angaben, schon einmal etwas über den Nationalsozialismus gehört oder gesehen zu haben (vgl. ebd. S. 92). In den Untersuchungen zum Vorwissen der Kinder wurden sehr große Unterschiede der Wissensstände festgestellt (vgl. ebd. S. 92). Bei einigen Kindern ließen sich detaillierte Kenntnisse, „fast schon Expertenwissen“ nachweisen, während andere scheinbar noch nie mit der NS-Vergangenheit konfrontiert wurden (vgl. ebd. S. 97). Um die großen Disparitäten bezüglich der Wissensbestände der Kinder zu erklären, wurde die Effektstärke verschiedener Variablen wie der sozioökonomische Hintergrund der Familien, das Interesse der Kinder und die Thematisierung in der Familie und in der Schule durch eine lineare Regressionsanalyse berechnet (ebd. S. 93). Als Faktoren, die eine moderate Effektstärke zeigten, werden die „Anzahl der Bücher im Haushalt“ und der „Bildungsabschluss der Eltern“ genannt (Klätte 2012b, S. 256). Die Ergebnisse der Untersuchungen weisen darauf hin, dass der sozioökonomische Status der Familie maßgeblich beeinflusst, über wie viel Vorwissen die Kinder verfügen (vgl. ebd.). Die schulische Thematisierung erscheint dagegen verhältnismäßig wenig bedeutsam für den Wissenserwerb (vgl. ebd.). Ein weiteres Ergebnis ist, dass Kinder mit Migrationsgeschichte in Klättes Untersuchung zwar deutlich weniger Vorkenntnisse bezüglich der NS-Vergangenheit haben, sich dennoch stark für zeitgeschichtliche Aspekte interessieren (ebd.). Die Ergebnisse weisen zudem

9 In einer Berliner Grundschule wurden 23 Drittklässler*innen mitbefragt, die in jahrgangsübergreifenden Klassen unterrichtet wurden (vgl. Klätte 2012a, S. 88).

darauf hin, dass die Schule die Ungleichheit bezüglich der Bildungslücken noch verstärkt, da Lehrpersonen sich deutlich seltener für das Thema entscheiden, wenn die Kinder aus sozial schwächer gestellten Familien kommen (vgl. ebd.). Zudem stellt Klätte fest, dass Lehrkräfte, die das Interesse der Kinder betonen, sich deutlich häufiger für eine frühe Thematisierung entscheiden. Häufig unterschätzen die Lehrpersonen jedoch das Interesse der Kinder (vgl. ebd. S. 255).

2.5 Zusammenfassung der Forschungsergebnisse und deren Relevanz für diese Arbeit

> „Gesellschaft und Kultur in diesem Staat verweisen in ihrer Verfasstheit auf den Nationalsozialismus und den Holocaust. Damit ist jenes, was zunächst bloß als vergangen scheint, den Kontexten gegenwärtiger Strukturen der Lebenswelt eingeschrieben." (Pech 2006, S. 54).

Detlef Pech fordert schon seit längerem, dass Holocaust und Nationalsozialismus Gegenstand des Sachunterrichts sein müssen, da die Themen aus lebensweltlicher sowie aus bildungstheoretischer Perspektive relevant seien (Pech 2006, S. 58). Die dargestellten Studien der letzten Jahre stützen diese Forderung und zeigen, dass bereits Kinder der dritten und vierten Klasse durch Familie, Schule, ältere Geschwister oder Fernsehen vielfältige und umfassende Vorstellungen zur NS-Zeit haben und bereits im Erinnerungsdiskurs an und über diese Zeit involviert sind (Becher 2015, S. 14). Unabhängig vom sozioökonomischen Hintergrund weisen alle Kinder ein großes Interesse an der Thematik auf. Die Forschungsbefunde haben zeigen können, dass das Wissen der Kinder über die NS-Zeit und den Holocaust teilweise sehr ausgeprägt und differenziert ist, obwohl die meisten von ihnen schulisch damit kaum konfrontiert wurden (vgl. Reeken 2014, S. 11). Verschiedene Einflussfaktoren wie z. B. der Bildungsstand der Eltern und/oder Merkmale wie Migrationshintergrund, die zu sehr unterschiedlichem Vorwissen bei den Grundschulkindern führen, konnten auch bei den Studien zur NS-Zeit gezeigt werden. Allerdings ließen sich daraus kaum Unterschiede hinsichtlich des Interesses der Kinder für die Thematik ableiten. In allen Studien wurde großes Interesse und große Neugier vonseiten der Kinder nachgewiesen, die wissen wollten, was es mit dem Nationalsozialismus und dem Zweiten Weltkrieg auf sich hatte (vgl. Enzenbach 2013, S. 134). Das große Interesse an der Thematik und die aufkommenden Fragen der Kinder führten die befragten Lehrpersonen häufig als zusätzliche Motivation für die Thematisierung in der Grundschule an. Ein zentrales Ergebnis ist außerdem, dass die Person Hitlers in den Vorstellungen der Kinder eine dominierende Stellung einnimmt, während

Einsichten und Bedingungen des NS-Staates fehlen und das Bild der Juden und Jüdinnen vor allem durch ihre Fremdheit und das „Nicht-Deutsch-sein" geprägt wird (vgl. Becher 2009). Das Judentum wird unabhängig von der Verfolgung im Nationalsozialismus nur im Religionsunterricht aufgegriffen, darüber hinausgehende kulturelle und geschichtliche Aspekte bleiben weitestgehend unberücksichtigt (vgl. Enzenbach und Pech 2012, S. 6).

Die Ergebnisse der abgebildeten Untersuchungen zeigen, dass eine Auseinandersetzung durchaus schon in der Grundschule stattfinden kann, in manchen Fällen vielleicht sogar muss. Inwieweit die empirischen Befunde sich eins zu eins auf die Lernvoraussetzungen von Grundschulkindern im Jahr 2021 übertragen lassen, müssten neuere Studien aufzeigen. Dennoch sind meines Erachtens die Ergebnisse als richtungsweisend für den grundschuldidaktischen Diskurs anzusehen und es ist davon auszugehen, dass Grundschulkinder im digitalen Zeitalter noch öfter und früher mit Bildern der Vergangenheit konfrontiert werden sowie mehr von aktuellen politischen Ereignissen und Erinnerungspraktiken in ihrer Lebenswelt mitbekommen. Es liegt im Ermessen der Lehrperson, die ihre Lerngruppe kennt, zu beurteilen, inwieweit eine Thematisierung sinnvoll ist. Da die Unterrichtsqualität bei der Entscheidung für eine Thematisierung wichtig ist, um problematische Deutungsmuster zu vermeiden, braucht es kindgerechte Ansätze, die dem komplexen Lerngegenstand und den kognitiven und emotionalen Voraussetzungen der Kinder gerecht werden. Im nächsten Kapitel sollen daher bestehende Ansätze vorgestellt werden und Kriterien für mögliche Herangehensweisen an das Thema Holocaust und Nationalsozialismus mit jungen Lernenden aufgezeigt werden.

3 Didaktische Prinzipien für eine Thematisierung des Holocaust und Nationalsozialismus in der Grundschule

Der pädagogische und fachdidaktische Diskurs über eine mögliche Thematisierung des Nationalsozialismus in der Grundschule hat sich auch aufgrund der empirischen Befunde (vgl. Kapitel 3) mittlerweile vom *ob* zum *wie* verschoben. Die große Herausforderung wird darin gesehen, was inhaltlich thematisiert werden kann und wie der Holocaust und die Zeit des Nationalsozialismus im Grundschulunterricht aufgearbeitet werden können. Um welche Bildungsinhalte soll es gehen, wenn von einer „Holocaust Education in der Grundschule" die Rede ist? Viele grundschulbezogene Publikationen plädieren dafür, die Massenvernichtung auszusparen, was bedeuten würde, das zentrale Moment nationalsozialistischen Handelns zu übergehen (vgl. Enzenbach und Pech 2012, S. 5). Pech sieht in dem Weglassen der furchtbaren Ereignisse einerseits eine „respektvolle Schonhaltung, in der Absicht das Kind zu schützen", andererseits bezeichnet er das Weglassen der Ereignisse als „Entmündigungsprozess", in dem gezielt versucht wird, Kindern ein Moment von Welt und Gesellschaft vorzuenthalten (vgl. Pech 2006, S. 57). Dieser „Entmündigungsprozess" ist aus pädagogischer Sicht nachvollziehbar, denn die Frage, wann ein Mensch alt genug für die Konfrontation mit diesem Grauen ist oder ob es überhaupt ein Alter dafür gibt, kann nicht allgemeingültig beantwortet werden (vgl. ebd.). Insgesamt wird der grundschulbezogene Diskurs daher auch als „Prisma einer grundlegenden Frage" bezeichnet, die folgendermaßen formuliert wird: *„Gibt es ein Alter, in dem Menschen in der Lage sind, sich mit dem systematischen Massenmord auseinanderzusetzen?"* (vgl. Enzenbach und Pech 2012, S. 5). Der Holocaust ist in seinem Ausmaß nur schwer begreifbar. In der Arbeit mit Kindern können jedoch die Wirkungen des Nationalsozialismus auf Menschen, die Veränderungen auf ihren Alltag und den Verlauf ihres Lebens sichtbar gemacht werden (vgl. ebd.). Eine besondere Bedeutung hat dafür das Lernen an Biografien. Biografische Zugänge ermöglichen anhand des Lebens und Erlebens einer einzelnen Person, gesellschaftliche Bedingungen und Entwicklungen in ihren konkreten Auswirkungen zu betrachten und ermöglichen somit induktive Zugänge zu historischen Prozessen (vgl. ebd.). Lernen über den Holocaust und die Zeit des Nationalsozialismus anhand von Biografien ist ein zentraler Ansatz, der auch von Yad Vashem und dem Anne Frank Zentrum in Berlin verfolgt wird und daher im Folgenden näher betrachtet werden soll.

3.1 „Kognitive Empathie" und Lernen an Biografien als zentrale Zugänge

Yad Vashem („Denkmal und Name") ist die weltweit größte internationale Holocaust-Gedenkstätte, die sich seit 1953 den folgenden Säulen der Erinnerung verpflichtet hat: der Dokumentation des Holocaust, seiner Erforschung und Lehre sowie seines Gedenkens (vgl. Internationale Holocaust Gedenkstätte 2020). Seit 1993 ist die ***International School of Holocaust Studies*** (ISHS) ein fester Bestandteil auf dem Gelände und der Arbeit von Yad Vashem. Hinter der Schulgründung stand der Wunsch, den Austausch mit Ländern innerhalb der EU und Osteuropa zu verstärken (vgl. ebd.). Die ISHS arbeitet mit Pädagog*innen und Historiker*innen weltweit zusammen. In den letzten Jahren wurde ein pädagogisches Konzept entwickelt, das Schüler*innen einen altersangemessenen Zugang zu dem Thema eröffnen soll (vgl. ebd.). Grundlage des pädagogischen Konzepts ist es, das Schicksal einzelner Menschen in den Mittelpunkt zu stellen. Anstelle einer anonymen und ungreifbaren Zahl namenloser Opfer wird das Individuum ins Zentrum gerückt (vgl. ebd.). Mit dem Fokus auf Einzelschicksale soll das natürliche Interesse der Lernenden sowie eine Empathiebereitschaft entwickelt werden (vgl. ebd.). Insbesondere für eine Thematisierung des Holocaust bei jungen Lernenden wird der ***Ansatz der kognitiven Empathie*** durch das ***Lernen an Biografien*** empfohlen.

Die Fähigkeit zu kognitiver oder emotionaler Empathie ist ein grundlegendes Konzept in der sozialen Entwicklung des Menschen, durch das Kinder und Jugendliche früh den Kontakt zur Außenwelt aufnehmen (vgl. Mkayton 2011, S. 32). In der Regel erfolgen Bilder extremer Gewalterfahrungen, die psychisch und emotional für junge Heranwachsende nicht verarbeitbar sind, im pädagogisch unbetreuten und schutzlosen Raum. Yad Vashem verfolgt daher das ***Lernen an biografischen Narrationen*** mit dem Ziel, eine empathische Lernhaltung aufzubauen und benennt Selbstschutz, Historizität und Handlungskompetenz als Ziele immanent-historischen Lernens (vgl. ebd.). Empathie wird dabei als eine Form sozialer Intelligenz verstanden, die es uns ermöglicht, die Lebenswelt einer anderen Person nachzuvollziehen (ebd.). Die kognitive Empathie grenzt sich dabei vom Begriff der Identifikation oder der emotionalen Empathie ab, denn ein sich hineinversetzen oder Mitleiden mit den Opfern des Holocaust soll vermieden werden.

> „Kognitive Empathie lässt uns erkennen, was ein anderer fühlt. Emotionale Empathie lässt uns fühlen, was der andere fühlt, und das Mitleiden bringt uns dazu, dass wir dem anderen helfen wollen, seine Situation und seine Gefühle zu bewältigen" (Ekman 2004, S. 249).

Ziel dieses Ansatzes ist es, eine kognitive Anteilnahme an den Erlebnissen und Erfahrungen der Überlebenden zu ermöglichen, ohne dass die Schüler*innen mit den Überlebenden mitleiden (vgl. Hartmann 2012, S. 173). Durch die Auseinandersetzung mit der Narration werden altersgemäße Zugänge aus der Gegenwart möglich, denn die biografische Erzählung kann in der Gegenwart beginnen und so Sicherheit vermitteln, da die Person überlebt hat (vgl. ebd. S. 174). Darüber hinaus kann anhand authentischer Biografien Geschichte als komplexes System menschlicher Handlungsweisen fassbar werden. Ein wichtiges Kriterium bei der Arbeit mit Biografien ist die altersgemäße Sprache und Anschaulichkeit (vgl. ebd. S. 176). Hartmann empfiehlt, in der Erstbegegnung nicht die ganze Geschichte und nicht das ganze Ausmaß der Katastrophe zu erzählen, sondern bestimmte Ereignisse auszuwählen (ebd. S. 178). Der Zugang der kognitiven Empathie ermöglicht die weitere Beschäftigung mit dem Thema und bildet eine Fähigkeit aus, an die die historische und politische Urteilskompetenz anschließen kann (vgl. ebd.). Auch die empirischen Studien weisen darauf hin, dass ein Lernen an Biografien das abstrakte, schwer fassbare Thema für Kinder greifbarer und authentischer macht. Biografien ermöglichen die Komplexität historischen Geschehens durch einen engen Blickwinkel, der subjektiv ausgerichtet werden kann, zu erfassen (vgl. Pech 2006, S. 58).

Kriterien für die Auswahl von Biografien

Für den Ansatz „Lernen an Biografien“ gibt es wiederum Kriterien für einen altersangemessenen Zugang. Bei der Auswahl von Zeugnissen muss die Lehrperson entscheiden, wie diese sinnvoll im pädagogischen Rahmen verwendet werden können. Zu fragen ist dabei immer: „Wer bezeugt was, aus welcher Perspektive und mit welcher Motivation?“ (vgl. Hewera 2020). Zeugnisse haben historische, moralische und pädagogische Dimensionen. Täterquellen sind erforderlich, um Abläufe, Institutionen, Methoden und Tatbeteiligung zu rekonstruieren. Zu fragen ist dabei jedoch, inwiefern diese objektiv sein können (vgl. ebd.). Jüdische Zeugnisse gelten als „Gegenerzählung“ und beinhalten Erinnerungen, die von den Täter*innen ausgelöscht werden sollten. Trotz früher Bestrebungen Einzelzeugnisse aus jüdischer Perspektive zu sammeln wurden die Ereignisse hauptsächlich auf Grundlage der Täterquellen rekonstruiert. Erst seit den 1960er-Jahren wurde jüdischen Zeugnissen mehr Aufmerksamkeit geschenkt, seit den 1980er-Jahren stieg die Popularität der „Oral History“ kontinuierlich (vgl. ebd.). Ohne die Zeugnisse von Überlebenden wäre die Dimension der persönlichen Erfahrung bis heute unbekannt. Seit einigen Jahren ist von der „Krise der Zeugenschaft“ die Rede, da es inzwischen kaum mehr Überlebende gibt, die aus erster Hand von ihren Erfahrungen berichten können. In den letzten Jahren wurde von verschiedenen Forschungsinstituten verstärkt an der Digitalisierung der „Oral History“ gearbeitet und es sind viele Videoformate sowie erste Programme entstanden, die mit Hilfe künstlicher Intelligenz vorprogrammierte Zeitzeugengespräche in 3D ermöglichen sollen („Dimensions in Testimony“ von der USC Shoah Foundation). Mit dem Sterben der letzten Zeitzeug*innen bleibt die Gestaltung des kollektiven Gedächtnisses und der Umgang mit den bestehenden Zeugnissen und somit der lebendigen Erinnerung an den Holocaust zu einem Großteil der Gesellschaft überlassen. Hierbei kommt der Schule als gesellschaftliche Institution eine zentrale Rolle zu. Bei der Betrachtung von Zeugnissen ist es relevant, zu wissen, wann und wo und mit welchem Interesse diese abgelegt wurden. Bei der Auswahl für geeignete Zeugnisse für den Unterricht muss der Lehrperson bewusst sein, dass Zeugnisse immer subjektiver Erfahrung sind. Ob und wie Täterzeugnisse für die pädagogische Arbeit sinnvoll eingesetzt werden können, wird unter Historiker*innen nach wie vor kontrovers diskutiert (vgl. Hewera 2020). Für einen ersten Zugang zu dem Thema Holocaust und Nationalsozialismus wird jedoch überwiegend davon abgeraten (vgl. ebd.). Für die Arbeit mit Zeugnissen von Überlebenden mit jungen Lernenden wird empfohlen, dass das Alter des*der Zeitzeug*in damals in etwa dem Alter der Grundschulkinder heute entspricht. In der „Opferbiografie“ sollte das Alltagsleben der Kinder vor und nach der NS-Verfolgung zur Sprache kommen, um Anknüpfungspunkte- und Zugangsmöglichkeiten aufgrund eigener Lebenserfahrungen zu bieten (vgl. Kingreen 2012, S. 155). Nach Möglichkeiten sollten Biografien von Jungen und Mädchen gleichermaßen thematisiert werden und die Biografien durch „Objekte“ (z. B. Fotos, Originalzeugnisse oder Briefe) veranschaulicht werden. Wenn möglich sollte auch eine Zugänglichkeit des Ortes durch regionale Bezüge hergestellt werden (Pech 2009, S. 14).

3.2 Grundlegende Bedingungen für eine kindgerechte Thematisierung

Damit man dem Lerngegenstand Holocaust angemessen erarbeiten kann und es nicht zu einer Bagatellisierung kommt, die den Opfern der NS-Diktatur nicht gerecht wird und auch um zu verhindern, dass die Kinder kognitiv oder emotional überfordert werden, braucht es ausreichend Vorbereitung durch die Lehrperson. Monica Kingreen formuliert ***„Zehn Grundsätze zur Thematisierung von jüdischem Leben und von Verfolgung in der NS-Zeit mit Kindern im Alter von neun bis zwölf Jahren.“*** (Kingreen 2012). Diese Grundsätze können als Grundvoraussetzung und Orientierungsrahmen zur Vorbereitung der Lehrpersonen dienen und werden im Folgenden zusammengefasst: Den Grundstein für eine Thematisierung bietet die eigene Reflexion, Kenntnis und Positionierung der Lehrperson (vgl. ebd. S. 151). Die verantwortliche Lehrperson muss sich selbstkritisch und emotional mit dem Thema auseinandersetzen. Damit Juden und Jüdinnen nicht nur in der Opferrolle als Verfolgte dargestellt werden, braucht es Kenntnisse zu Aspekten jüdischer Vergangenheit und Gegenwart (ebd.). Dies schließt die Beschäftigung mit Fragen wie „Was sind eigentlich Juden?“ und die Reflexion der eigenen Klischees und Stereotypen mit ein (vgl. Kingreen 2012, S. 151). Generell gilt, dass die pädagogische Arbeit mit Kindern nur dann sinnvoll ist, wenn eine grundsätzliche Atmosphäre des Respekts und des Vertrauens zwischen Lehrkräften und Kindern herrscht (vgl. ebd.). Aktuelle Konflikte wie Mobbing oder Diskriminierung sollten nicht mit dem Verweis auf die NS-Zeit thematisiert werden (vgl. ebd.). Wichtig ist außerdem, dass jüdisches Leben nicht nur in Zusammenhang mit dem Holocaust kennengelernt wird (vgl. ebd.). Dieser Grundsatz knüpft auch an der ersten Forderung an, dass Juden und Jüdinnen nicht nur in der Opferrolle kennengelernt werden. Möglich ist das z. B. durch den Kontakt zur lokalen jüdischen Gemeinde, die von dem Judentum berichten kann (vgl. ebd.). Empfohlen wird auch der Besuch einer Synagoge oder einer jüdischen Einrichtung, um eine Vorstellung vom religiösen jüdischen Leben zu bekommen und auch gegenwärtiges jüdisches Leben kennenzulernen (vgl. ebd. S. 152). Im Unterricht sollte jüdisches Leben unbedingt auch vor und nach dem Holocaust thematisiert werden. Zum schulischen Umgang mit dem Thema Judentum sei dafür auch auf die *„Gemeinsame Erklärung zur Vermittlung jüdischer Geschichte, Religion und Kultur in der Schule“* verwiesen (Zentralrat der Juden und Kultusministerkonferenz 2016). Die gemeinsame Erklärung zielt darauf ab, *„den Schülerinnen und Schülern ein lebendiges und differenziertes Bild des Judentums zu vermitteln. Dazu gehört unabdingbar die Schoah, ohne aber jüdisches Leben in Deutschland und Europa auf sie zu reduzieren“* (vgl. ebd. S. 2).

Die wohl größte Herausforderung stellt dennoch das Sprechen mit den Kindern über Verfolgung und Holocaust dar (vgl. Kingreen 2012, S. 154). „Der Holocaust kann nicht losgelöst vom Nationalsozialismus betrachtet werden“ (ebd.). Die auf der Ungleichheit des Menschen beruhende Ideologie müsse dem diametral entgegengesetzten Menschenbild einer demokratischen Gesellschaft von der Gleichwertigkeit aller Menschen gegenübergestellt werden (vgl. ebd.). Dies erfordert eine hohe Sensibilität und klare eigene Reflexion von Seiten der Lehrperson (vgl. ebd.). Auch ist es wichtig, die weite zeitliche Distanz von heute zu der nationalsozialistischen Vergangenheit zu betonen (vgl. ebd.). Sprachlich sollte daher auch zwischen „Nazi-Deutschland“ (Vergangenheit) und Deutschland (Gegenwart) getrennt werden. Den Lernenden muss der absolute Lebensbruch zwischen normalem Leben jüdischer Deutscher mit der Zertrümmerung einer demokratischen Gesellschaft ab 1933 verständlich werden (vgl. ebd.). Bei der Thematisierung gilt es außerdem, eine ausschließliche Konzentration auf die Person Hitlers zu vermeiden (vgl. ebd. S. 155). Die Verfolgung jüdischer Deutscher soll als Versagen der zu schwach entwickelten Demokratie und Versagen des zivilen Gemeinwesens verstanden werden. Auch muss über die zentrale Bedeutung der Zuschauenden und Mitläufer*innen erzählt werden (vgl. ebd.). Den Kindern sollten durch ausgewählte Biografien, die von Überlebenden berichten und durch Aufzeigen, dass nicht alle Deutschen Nazis waren, positive Orientierungsmöglichkeiten geboten werden (vgl. ebd. S. 156). Es gab auch mitfühlende Menschen, die Solidarität gezeigt haben und Hilfe geleistet haben, auch wenn das eine Minderheit war (vgl. ebd. S. 156). Der eigene Sprachgebrauch sollte stets reflektiert werden. Begriffe wie „die Partei" oder „der Führer" stammen aus dem internen NS-Sprachgebrauch, daher sollte in einer beschreibenden Verwendung von „der Partei der NSDAP" oder der Person Adolf Hitler gesprochen werden (vgl. ebd. S. 157). Kingreen betont außerdem, dass das Thema „kein Dauerbrenner" bleiben sollte und es wichtig für die Kinder sei, wieder in der Gegenwart anzukommen. Aufgrund dieser Überlegungen empfiehlt sie eine erste Orientierung, verbunden mit einer erzählbaren Struktur, ausgehend von einer Familie und ihrem Alltag und dessen brutaler Veränderung durch das NS-Regime (vgl. ebd. S. 158). Weiterhin gilt es, die Präkonzepte der Kinder in den Blick zu nehmen. Unterricht muss immer an den Lernvoraussetzungen der Schüler*innen ausgerichtet sein. Gerade bei einem kognitiv und emotional anspruchsvollen Thema, wie ihn der Holocaust als Lerngegenstand ihn darstellt, ist eine Orientierung an den Lernvoraussetzungen der Kinder oberstes Gebot. Unter den Fachdidaktiker*innen herrscht daher Einigkeit, dass nicht das Alter, sondern die bereichsspezifischen Kenntnisse, ihre Strukturierung und kognitive Vernetzung ausschlaggebend dafür sind, ob und wie eine Thematisierung stattfinden kann (vgl. ebd. S. 140). Prinzipiell kann sich bei der Unterrichtsplanung an den vier identifizierten Schlüsselkategorien kindlicher Vorstellungen zum Lerngegenstand Holocaust aus Bechers Studie orientiert werden (Becher 2009, siehe auch Kapitel 2.4.2). Dennoch ist es sinnvoll, die Vorstellungen der eigenen Lerngruppe in den Blick zu nehmen. Dies kann z. B. durch ein „Einstiegsgespräch" zu Beginn der Unterrichtseinheit geschehen (vgl. Nahm et al. 2014, S. 42). Im Einstiegsgespräch werden Assoziationen zu einem oder mehreren Aspekten des Lernmaterials zum Beispiel in Form einer Mindmap gesammelt und jedes Kind notiert auf zwei farbigen Karten einmal seine Fragen und einmal seine besonderen Interessen. Dadurch bekommt die Lehrperson einen Eindruck von Erwartungen und Vorwissen der Kinder.

4 Eigene Unterrichtskonzeption

In diesem Kapitel sollen eigene Überlegungen und Ideen angeführt werden, wie Holocaust und Nationalsozialismus als Lerngegenstand konkret thematisiert werden könnten. Einen Unterricht für eine unbekannte Schüler*innengruppe zu konzipieren, ist nur wenig zielführend, da das A und O für die Unterrichtsplanung das Vorwissen und die Vorstellungen, sprich die Präkonzepte der Kinder sind. Als Informationen zu dem Vorwissen der Kinder sollen daher die Interpretationen der empirischen Studienergebnisse über die Vorstellungen von Grundschulkindern zum Thema Holocaust und Nationalsozialismus dienen (Kapitel 2.5) und im Besonderen die identifizierten „Vorstellungsbücher“ von Andrea Becher (Becher 2009, s. a. Kapitel 2.4.2) herangezogen werden. Für alle weiteren relevanten Informationen zur Lerngruppe (Vorerfahrungen, Lern- und Arbeitsverhalten, soziale Fähigkeiten), orientiere ich mich an der vierten Klasse, die ich 2018 vier Monate lang im Rahmen meines Praxissemesters begleitet und kennengelernt habe.

4.1 Überlegungen und Entscheidungen zum Unterrichtsgegenstand

Für mich erscheint es sinnvoll, das Thema Holocaust und Nationalsozialismus nicht als unabhängige Unterrichtseinheit zu behandeln, sondern ins aktuelle Unterrichtsgeschehen einzuordnen und dabei Bezüge zur Lebenswelt der Kinder herzustellen. Bei Rohrbach war der Anlass für eine Thematisierung die Hakenkreuzschmierereien auf dem Schulhof. Da ich solche Geschehnisse nicht frei erfinden möchte und eine Situationsorientierung für eine fiktive Klasse nicht möglich ist, werde ich in diesem Kapitel eine konkrete Unterrichtsstunde skizzieren, die auf den vorherbehandelten Themen im Sachunterricht aufbauen kann und Möglichkeiten für eine weitere Auseinandersetzung bietet. Die Unterrichtseinheit besteht folglich aus mehreren Phasen:

- **Erste Phase: Grundrechte und Grundgesetz**
  Abschluss der Unterrichtseinheit mit der Frage nach der Entstehung des Grundgesetzes: „War das schon immer so?“, „Was war davor?“

- **Zweite Phase: Die Zeit des Nationalsozialismus („Nazi-Deutschland")**
  Vorwissen, Fragen und Interessen der Kinder abtasten („Gallery-Walk")
  „Oma Hedwig erzählt": Die Zeit von 1918–1945 erarbeiten
- **Dritte Phase: Einzelschicksale jüdischer Kinder**
  Vergleich „Kindheit früher" vs. „Kindheit heute"
  Wie war das Leben für jüdische Kinder in der Zeit des Nationalsozialismus?
  Verbindung zu den Kinderrechten herstellen
- **Vierte Phase: Abschlussprojekt**
  z. B. eigene Ausstellung oder lokale Recherche mit Stolpersteininitiative vor Ort

So kann in der ersten Phase das Thema Grundrechte und Grundgesetze behandelt werden und die Unterrichtseinheit mit Fragen in Bezug auf die Unantastbarkeit der Menschenwürde abgeschlossen werden. Das Thema Grundrechte und Grundgesetz kann mit Hilfe der ***„Grundrechtefibel"*** der Landeszentrale für Politische Bildung in Baden-Württemberg behandelt werden (vgl. Ritter et al. 2020). Zentraler Bezugspunkt für die Unterrichtseinheit zum Thema Grundrechte ist dabei der erste Artikel im Grundgesetz:

> „Die Würde des Menschen ist unantastbar, sie zu achten und zu schützen ist Verpflichtung aller staatlichen Gewalt." (Artikel 1 Absatz 1 GG).

Gemeinsam mit den Schüler*innen kann darüber geredet werden, wie sie den Artikel 1 verstehen, wie die eigene Würde geschützt und geachtet werden kann und ob sie in ihrer Würde schonmal verletzt wurden. Im Plenum wird dann darüber nachgedacht, welche Funktion der Staat dabei übernimmt und wie jede*r von uns dazu beitragen kann, dass die Menschenwürde nicht verletzt wird. Außerdem können mit Hilfe der ***„Grundrechtefibel"*** die Artikel 1–19 im Unterricht erarbeitet werden. Dabei kann immer wieder Bezug zu Artikel 1 hergestellt werden, um zu zeigen, dass die eigenen Freiheitsrechte dann enden, sobald sie die Rechte anderer Menschen verletzen. Innerhalb dieser Unterrichtseinheiten werden zudem zentrale politische Fachkonzepte kennengelernt, wie zum Beispiel Staat, Demokratie oder Macht (vgl. Ritter et al. 2020, S. 16–21). Zum Abschluss der Unterrichtseinheit wird die Frage in den Raum geworfen: „War das schon immer so? Seit wann gibt es eigentlich das Grundgesetz?". Diese Fragen dienen als Überleitung zu dem Thema „Nazi-Deutschland" und als erste Impulse für ein Einstiegsgespräch mit den Schüler*innen um herauszufinden, was die Kinder konkret für Vorstellungen und Fragen zu der Zeit des Nationalsozialismus haben. Anhand verschiedener Methoden kann dann in der zweiten Phase das Vorwissen und Interesse der Schüler*innen abgetastet werden, zum Beispiel durch Fotos, die einen „Judenstern" zeigen oder den Boykottaufruf jüdischer Geschäfte oder aber auch ein lokales Denkmal der Erinnerung an die Verbrechen der Nationalsozialisten (vgl. Nahm et al. 2014, S. 42). Die Assoziationen und Fragen der Schüler*innen zu den Fotos werden auf einem Plakat gesammelt, das für alle sichtbar im Klassenzimmer aufgehängt wird. Die Fragen der Schüler*innen dienen somit als Ausgangspunkt für das „Oma Hedwig Heft", mit dem in den darauffolgenden Unterrichtseinheiten gearbeitet werden soll.[10] Das „Oma Hedwig Heft" ist ein Geschichtsheft, in dem Oma Hedwig ihrer Enkelin die Zeit ab Ende des 1. Weltkrieges über die Entwicklungen in der Weimarer Republik, die Machtergreifung der NSDAP und die Veränderungen, die daraufhin bis hin zum Zweiten Weltkrieg folgten, erzählt. Meiner Meinung nach eignet sich Rohrbachs Unterrichtsmaterial gut für eine vierte Grundschulklasse, um die Genese des Nationalsozialismus zu verstehen. Das Lernmaterial folgt allgemeinen Unterrichtsprinzipien und Kriterien der Inhaltsauswahl aus der Sachunterrichtsdidaktik (Reeken 2012, S. 54). Die Unterrichtseinheiten mit dem Oma Hedwig Heft bieten eine Wissenschaftsorientierung, die Kenntnisse der Bezugswissenschaften (Politikwissenschaft, Soziologie und Geschichtswissenschaft) miteinbeziehen. Der Erkenntnisprozess der Schüler*innen bei der Auseinandersetzung mit dem Quellenmaterial orientiert sich somit ebenfalls an der wissenschaftlichen Erkenntnisgewinnung (vgl. ebd. S. 53). In der Auseinandersetzung mit den Lerninhalten wird immer wieder Bezug zu lebensnahen Erfahrungsbereichen der Kinder genommen, die zum Beispiel Ausgrenzung und Diskriminierung in der Klasse erfahren. Auch wird insbesondere auf die Fragen der Enkelin, die stellvertretend Fragen und Interessen der Grundschulkinder stellt, eingegangen (Rohrbach 2005, S. 335). Das Unterrichtsmaterial erfüllt bei der Inhaltsauswahl die didaktischen Kriterien der Bedeutsamkeit und Anschaulichkeit (Reeken 2012, S. 61). Die wichtigsten Informationen, um den Nationalsozialismus in seiner Genese zu begreifen, werden kindgerecht erklärt und durch Originalfotos anschaulich dargestellt. Aufbauend auf diese zweite Unterrichtsphase, die den Kindern begreiflich macht, wie Faschismus entstehen kann und wie es zum Nationalsozialismus kommen konnte, sollen dann in einer dritten Phase Überlebende aus dieser Zeit zu Wort kommen. In der dritten Unterrichtsphase wird der Ansatz „Lernen an Biografien" mitsamt den Kriterien und Bedingungen, die dafür bereits analysiert wurden, angestrebt (Kapitel 3). Da es nur noch in wenigen Ausnahmefällen möglich ist, Überlebende zu finden, die persönlich im Klassenzimmer den Kindern ihre Geschichte altersangemessen erzählen können, habe ich mich für die Arbeit mit dem Lernmaterial des Anne Frank Zentrums ***„Nicht in die Schultüte gelegt. Schicksale jüdi-***

10 Das „Oma Hedwig Heft" wurde von Rita Rohrbach entworfen und bietet Kindern eine Grundlage, die Zeit von 1918–1945 selbstständig zu erarbeiten. Rohrbach ist eine der ersten Geschichtsdidaktiker*innen, die ihre eigenen Unterrichtseinheiten zum Thema Holocaust und Nationalsozialismus für die Grundschule ausführlich dokumentierte, analysierte und für die Öffentlichkeit zugänglich machte (Rohrbach 2005, S. 325–343).

scher Kinder 1933–1942 in Berlin“ entschieden, das im folgenden Abschnitt genauer betrachtet werden soll.

4.2 Beschreibung und didaktische Analyse des Lernmaterials

Das Lernmaterial ***„Nicht in die Schultüte gelegt. Schicksale jüdischer Kinder 1933–1942 in Berlin“*** ist aus einer mehrjährigen Projektarbeit des Anne Frank Zentrums in Kooperation mit Berliner Grundschulklassen (Viert- bis Sechstklässler*innen) erarbeitet und in Form von offenen Lernwerkstätten im Sachunterricht erprobt wurden (vgl. Anne Frank Zentrum 2009). Quellengrundlage des Lernmaterials sind die Erzählungen von sieben Zeitzeug*innen, die alle in Berlin Ende der 1920er- oder Anfang der 1930er-Jahre eingeschult und später als Juden und Jüdinnen verfolgt wurden (vgl. Nahm et al. 2014, S. 11). Die ausgewählten Biografien erfüllen alle Kriterien für das Arbeiten mit jungen Lernenden, da die Zeitzeug*innen während des Nationalsozialismus ein ähnliches Alter wie die Viertklässler*innen heute hatten, allesamt den Holocaust überlebten und den Lernenden somit ein Gefühl der Sicherheit sowie positive Orientierungsmöglichkeiten bieten. Zudem werden ihre Erzählungen durch Fotos und Originaldokumente für die Kinder greifbarer und auch der Ort Berlin ist allen Kindern ein Begriff und erleichtert somit einen ersten Zugang. Das Material besteht aus DIN-A5-großen farbigen Karteikarten, auf denen verschiedene Erinnerungen und Zeugnisse (Fotos, Briefe, Stadtkarten, Reisepass mit Visum für Palästina, der Eintrag der besten Freundin ins Poesiealbum, Grundschulzeugnis, ...) abgebildet sind. Die Zeugnisse der Überlebenden wurden mit Hilfe elf verschiedener Kategorien aufgearbeitet, die Erinnerungen aus dem Leben der Zeitzeug*innen zu folgenden Themen beinhalten: *der erste Schultag, die Schulzeit, Freunde, Familie, jüdisch sein, Name, Verlust, Besonderheit, Spielen, Wohnen und Berlin* (vgl. Anne Frank Zentrum 2014a).

Diese elf Kategorien sind in Anlehnung an die Fragen der Grundschulkinder entstanden, die an der Lernmaterialentwicklung beteiligt waren (vgl. Nahm et al. 2014, S. 12). Das Material ist didaktisch so aufgearbeitet, dass die Geschichten von Verlust, Diskriminierung und Verfolgung neben positiven Erinnerungen an ihre Kindheit stehen (vgl. Abb. 3). Auf der Rückseite der Karteikarten findet sich jeweils eine Frage zur Text- oder Bildquelle, um zum weiteren Verständnis beizutragen. Die zweite Frage zielt auf den Vergleich der Lebenswelten von früher und heute ab. Das Lernmaterial lädt zusätzlich dazu ein, das Thema in Verbindung mit den Kinderrechten zu behandeln, indem immer wieder auf bestimmte Artikel der UN-Kinderrechtskon-

Abbildung 3: Beispiel: Zum Aufbau und Gestaltung einer „Biografie-Karte" (Anne Frank Zentrum 2014a).

vention verwiesen wird. Insgesamt enthält die Kinderrechtskonvention 54 Artikel, die in drei Gruppen (Schutz-, Förder- und Beteiligungsgesetze) differenziert werden (vgl. National Coalition Deutschland – Netzwerk zur Umsetzung der UN-Kinderrechtskonvention e. V. 2020). Im benutzten Lernmaterial sind exemplarisch folgende Artikel ausgewählt worden (vgl. Anne Frank Zentrum 2014a):

- Artikel 2: Der Schutz vor Diskriminierung
- Artikel 6: Das Recht zu leben und sich zu entwickeln
- Artikel 8: Das Recht auf Wahrung der Identität
- Artikel 9: Trennung von den Eltern
- Artikel 12: Das Recht auf Achtung vor der Meinung des Kindes
- Artikel 14: Das Recht auf Gedanken-, Gewissens-, und Religionsfreiheit
- Artikel 19: Das Recht auf Schutz vor jeder Form von Gewalt, Missbrauch und Vernachlässigung
- Artikel 28: Das Recht auf Bildung
- Artikel 29: Bildungsziele und Bildungseinrichtungen
- Artikel 31: Das Recht auf Freizeit, Spiel und Kultur

Mit der Verknüpfung zu den Kinderrechten, die den Kindern bereits aus anderen Unterrichtseinheiten bekannt sind, können die Schüler*innen immer wieder Bezug zu ihrer gegenwärtigen Lebenswelt herstellen. Das Lernmaterial ermöglicht somit ein selbstbestimmtes und entdeckendes Lernen und bietet ausreichend Möglichkeiten, über Gemeinsamkeiten und Unterschiede zu ihrem eigenen Leben nachzudenken. Bei der Auseinandersetzung mit dem Lernmaterial wird außerdem ersichtlich, dass Religion eine ganz unterschiedliche Rolle im Leben der Zeitzeug*innen spielt. Manche Kinder wurden streng religiös erzogen, andere gar nicht und erfahren erst durch die Veränderungen und Verbote im Nationalsozialismus von ihrem jüdisch sein. Ruth Recknagel erzählt, dass sie jüdisch erzogen wurde, während Cilly Haar zu Hause „Weihnukka“ gefeiert hat und Ruth Dangoor erwähnt, dass sie gar nicht weiß, was das Wort „Jude“ bedeutet. Diese gänzlich unterschiedlichen Kindheitserinnerungen zu dem Aspekt „jüdisch sein“ bieten den Schüler*innen Möglichkeiten, um gegebenenfalls bestehende Vorurteile über jüdisch sein zu reflektieren und zu hinterfragen. Im Mittelpunkt des Unterrichts steht die Auseinandersetzung mit den Kindheitserinnerungen der sieben Überlebenden, die vielfältige Identifikationsmöglichkeiten für die Schüler*innen bieten. Die Alltagserinnerungen der Überlebenden bieten den Kindern die Möglichkeit, sich in die Situationen hineinzuversetzen und sich vorzustellen, was es bedeutet, wenn die eigenen Freund*innen einem plötzlich den Rücken zudrehen oder einem als einziges Kind in der Klasse der Zugang zum Schwimmbad oder Kino verboten wird. Der erlebte Verlust wird ebenfalls angesprochen, ist allerdings nur eine Facette neben auch schönen Kindheitserinnerungen. Die Schüler*innen üben sich im Perspektivwechsel und in der Ausübung kognitiver Empathie, ohne eine Traumatisierung durch Mitleiden zu erleben. Die Arbeit mit dem Lernmaterial bietet Möglichkeiten, sich mit verschiedenen Aspekten der Kindheit in der Zeit des Nationalsozialismus und der Kindheit heute Gedanken zu machen. Die Kinder entdecken Gemeinsamkeiten und Unterschiede, stellen Bezüge zwischen Vergangenheit und Gegenwart her und überlegen, wie sie in manchen Situationen gehandelt hätten und wie sie zukünftig handeln würden. Dadurch finden Gegenwartsbezüge statt und es wird über Handlungsmöglichkeiten und Alternativen gesprochen. Darüber hinaus wird das Interesse und die Neugier der Kinder geweckt und die Auseinandersetzung mit den Einzelschicksalen bietet eine Grundlage für eine weitere, vertiefende Auseinandersetzung.

4.3 Unterrichtsverlauf der dritten Unterrichtsphase

Nachdem ausführlich erklärt wurde, wieso mit dem Lernmaterial ***„Nicht in die Schultüte gelegt. Schicksale jüdischer Kinder 1933–1942 in Berlin“*** (Anne Frank Zentrum 2014b) gearbeitet werden soll und der Lerngegenstand ins Unterrichtsgeschehen eingeordnet wurde, soll hier konkret aufgezeigt werden, wie mit dem Material gearbeitet werden kann. Der Unterrichtsverlauf wird beschrieben und dabei didaktische und methodische Überlegungen angeführt.

4.3.1 Einstieg

Zu Beginn der Unterrichtseinheit befinden sich alle im Sitzkreis und ein stiller Impuls mit mehreren Bildern dient als Einstieg. Zunächst legt die Lehrperson 7 schwarz-weiß Fotos aus der Zeit von 1927–1937 in den Kreis. Jedes Foto zeigt eine*n der Überlebenden als Schulkind (vgl. Anne Frank Zentrum 2014c, S. 339). Nachdem erste Vermutungen geäußert wurden, wird eine alte Stadtkarte aus Berlin dazugelegt. Als letzter Hinweis kommt ein Foto von Stolpersteinen dazu. Die Bilder werden in dieser Reihenfolge in den Kreis gelegt. Nachdem die Schüler*innen die Fotos der Kinder beschrieben haben, sollen sie Vermutungen anstellen, wer die Kinder sein könnten, zu welcher Zeit die Bilder entstanden sind und an welchem Ort die Kinder sich befinden könnten. Die Klasse soll die Fotos zunächst auf sich wirken lassen und danach in einem ersten Schritt beschreiben, was sie sieht und in einem zweiten Schritt Vermutungen darüber anstellen, wer die Kinder auf den Fotos sein könnten und was diese mit dem Unterrichtsthema der letzten Stunden zu tun haben. Die Bildimpulse dienen der kognitiven Aktivierung und dazu, das Interesse der Kinder zu wecken, mehr über das Leben der sieben Überlebenden rausfinden zu wollen. Folgende Fragen könnten von der Lehrperson als Unterstützung für die ersten Annäherung an das Lernmaterial gestellt werden:

- Was seht ihr auf den Bildern?
- Fallen euch Gemeinsamkeiten/Unterschiede auf?
- Aus welcher Zeit stammen die Bilder, warum?
- Wo könnten die Kinder damals sein?
- Wie wirken die Bilder auf euch?
- Welches Bild gefällt euch am besten?
- Wer könnten diese Kinder sein?
- Was haben die Kinder mit unserer letzten Unterrichtseinheit zu tun?

Am Ende der Einstiegsphase sollen die Schüler*innen herausgefunden haben, dass auf den Fotos Kinder zu sehen sind, die:

- alle aus Berlin stammen,
- jüdisch sind und deshalb im Nazi-Deutschland verfolgt wurden,
- alle die Zeit des Nationalsozialismus überlebt haben,
- manche heute sogar noch am Leben sind,
- sich noch an Erlebnisse aus ihrer Kindheit während des Nationalsozialismus erinnern,
- ihre Geschichten an Kinder weitererzählen möchten, so dass wir durch die Vergangenheit für heute und morgen lernen können.

Der gemeinsame Einstieg im Plenum dient zudem dem Kennenlernen des Lernmaterials. Sobald die Vermutung der Schüler*innen in die richtige Richtung gehen, dass die Fotos alle jüdische Kinder zeigen, die zur Zeit des Nationalsozialismus in Deutschland in die Schule gegangen sind, sollen die „Biografie-Karten“[11] als Quellenmaterial kennengelernt werden. Eine Schwierigkeit, die sich bei der Planung immer wieder herausstellte, war die Frage, an welcher Stelle und wie mit dem Aspekt des Verlusts umgegangen werden soll. Diese Karte einfach wegzulassen würde zu einer Bagatellisierung des Nationalsozialismus führen und dem Lerngegenstand sowie allen Opfern des Holocaust nicht gerecht werden. Gleichzeitig soll der Schwerpunkt bei der Auseinandersetzung mit Kindern nicht auf dem Verlust liegen und die Kinder mit diesem Aspekt auch nicht alleingelassen werden (Kingreen 2012). Aus diesen Gründen habe ich mich dazu entschieden, den Aspekt des Verlustes noch im gemeinsamen Sitzkreis zu thematisieren. Dazu kann beispielhaft eine Biografie-Karte von Isaak Behar mit folgender Aussage verwendet werden:

> „Man kann nie etwas wiedergutmachen, nichts zurückholen. Was einem genommen wurde, bleibt ewig verloren. Nichts auf der Welt kann mir meine Eltern und meine Schwestern wiedergeben. Aber ich kann Lea und Nissim, Alegrina und Jeanne unvergessen machen. Indem ich über sie erzähle und niederschreibe, wer sie waren. Indem ich erzähle, was unserer Familie widerfahren ist. Und so habe ich mich entschlossen zu reden. Jahrzehntelang habe ich geschwiegen. Ich konnte nicht über Demütigung, über meinen Schmerz und den Verlust meiner Eltern und Schwestern sprechen. Meinen erwachsenen Söhnen habe ich bis auf den heutigen Tag meine ganze Geschichte nicht erzählen können. Selbst meiner Frau habe ich lange Zeit vieles von dem, was ich erlebt habe, verschwiegen. Aber plötzlich, im Jahre 1988, brach ein Damm und ich begann zu sprechen. Meine Geschichte zu erzählen, zu berichten, wie es uns Juden seit 1933 erging.“ – Isaak Behar

Isaaks Worte sollen zum Anlass genommen werden, um mit den Schüler*innen darüber zu reden, wieso es auch heute noch wichtig ist, Isaaks Geschich-

11 Bei der Arbeit mit den Lernmaterialien sollte das Wort „Biografie-Karte“ anstelle des Begriffs „Karteikarte“ verwendet werden, da die Überlebenden dadurch nicht auf bürokratische Karteien reduziert werden, wie dies während des hoch bürokratisierten Planungsvorgangs der NS-Verbrechen der Fall war.

te und die der anderen jüdischen Kinder zu erfahren. Die Worte geben also auch Anlass, um mit den Kindern über die Bedeutung von „Erinnern“ allgemein zu sprechen und darüber, wie das Quellenmaterial entstanden ist. Optional kann, wenn die Zeit es zulässt, thematisiert werden, wieso es Stolpersteine gibt, was die Idee dahinter ist und ob die Kinder auf dem Weg zur Schule oder in der Stadt schon einmal über welche gestolpert sind.

4.3.2 Erarbeitungsphase 1: Individuelle Auseinandersetzung und Austausch in „Expertengruppen“

Anhand von Isaaks Biografie-Karte wird nun beispielhaft die Arbeit mit dem Lernmaterial erklärt. Die Schüler*innen erfahren, dass es von jedem der sieben Kinder mehrere Biografie-Karten zu verschiedenen Kindheitserinnerungen gibt. Jede*r Schüler*in bekommt nun eine unterschiedliche Biografie-Karte (vgl. Anne Frank Zentrum 2014b). Die Kategorie auf der oberen Leiste (vgl. Abb. 4) legt die „Expertengruppe“ für die erste Gruppenphase fest und die Person die „Personengruppe“ (zum Beispiel „Isaak-Behar-Gruppe“ oder „Cilly-Haar-Gruppe“) für die zweite Gruppenphase. Für die Erarbeitungsphase werden Methoden des kooperativen Lernens genutzt, mit denen die Klasse bereits vertraut ist. Dadurch haben die Kinder die Möglichkeit, sich zunächst selbständig mit einer Karte auseinanderzusetzen und sich im Anschluss mit anderen Kindern auszutauschen. Beim kooperativen Lernen ist es für das Endergebnis der Gruppenarbeit entscheidend, dass alle Schüler*innen mitarbeiten, da jedes Kind für die gemeinsame Arbeit wichtig ist und eine andere Perspektive in die Gruppenarbeit mitbringt. Am Ende der Gruppenphasen lassen sich die individuellen Erkenntnisse der Schüler*innen wie ein Gruppenpuzzle zusammenfügen (Scholz 2020, S. 24). Die Gruppenzusammensetzung erfolgt anhand der Biografie-Karten zufällig. Die Kategorie gibt die Zuordnung zur Expertengruppe für die erste Gruppenphase vor. Der Name der Person die Zuordnung zur Personengruppe für die zweite Gruppenphase.

Da es sieben verschiedene Biografien als Quellengrundlage gibt, gibt es insgesamt auch sieben Experten- und Personengruppen. Die Gruppengröße variiert zwischen drei bis fünf Schüler*innen, dies liegt daran, dass nicht zu jeder Person gleich viel geeignete Informationen vorliegen. Da es insgesamt elf unterschiedliche Kategorien gibt (vgl. Abb. 4), aber nur sieben Expertengruppen, werden ähnliche Kategorien zu einer Expertengruppe zusammengefasst. Da in der Beispielklasse ein Klassenklima herrscht, in dem alle mit allen gut arbeiten können, sollte die zufällige Zusammensetzung kein Problem darstellen. Die Klasse ist insgesamt sehr leistungsstark und motiviert, dennoch ist von einem heterogenen Vorwissen sowie unterschiedlich kognitiven und sozialen Fertigkeiten auszugehen. Um sicherzustellen, dass jedes

Abbildung 4: Die Symbole für die 11 Kategorien sind im Lernmaterial zur besseren Übersichtlichkeit farbig gestaltet. Zu folgenden Kategorien erzählen die Zeitzeug*innen: 1. Erster Schultag, 2. Schulzeit, 3. Freunde, 4. Familie, 5. Jüdisch sein, 6. Name, 7. Verlust, 8. Besonderheit, 9. Spielen, 10. Wohnen, 11. Berlin (vgl. Anne Frank Zentrum 2014a, S. 3).

Kind ausreichend Zeit hat, um seinen Text zu bearbeiten und dass in den Gruppen tatsächlich über die Fragen diskutiert wird und jedes Kind in der Austauschphase zu Wort kommt, sollen zusätzliche Rollenkarten verwendet werden, die den Schüler*innen ebenfalls bereits bekannt sind. Die Arbeit mit den Rollenkarten bedeutet einen zusätzlichen Planungsaufwand in der Vorbereitung, da sich die Lehrperson darüber Gedanken machen muss, wie die Karten verteilt werden. Dieser zusätzliche Mehraufwand hat sich bislang für das Lernen in der Klasse bewährt, da sich jedes Kind für einen Aspekt der erfolgreichen Gruppenarbeit verantwortlich fühlt und dies eine zusätzliche Motivation mit sich bringt. Es bietet sich an, die Vergabe der Rollenkarten bei der Vorbereitung der Gruppentische mitzuverteilen, indem die Karten an den Arbeitsplätzen befestigt werden. Die Rollenkarten sind damit fest integriert an einem Sitzplatz und bleiben somit am selben Ort für die zweite Gruppenphase. Zusätzlich werden die Gruppentische für die Expertengruppen anhand der Symbole beschriftet (vgl. Abb. 4) und für die Personengruppen mit Namen und Fotos. Auf der Vorderseite der nach dem gemeinsamen Einstieg ausgeteilten Biografie-Karten befindet sich je ein Foto sowie ein Originalzitat der*des Zeitzeug*in zu einer der elf Kategorien, z. B. zur Kategorie „Spielen“:

> „Ich bin, obwohl ich ja dann als **Sternträgerin** galt und ihn auch getragen habe, den Stern, doch einmal ins Kino gegangen, obwohl es verboten war! Ich bin heimlich ins Kino gegangen. Und ich weiß auch noch, wie der Film hieß: ‚Wir machen Musik‘ mit Ilse Werner. So ein Film, der war doch unnütz, der war doch gar nicht wert, dass man sein Leben dafür riskierte! Es hätte ja auch eine Razzia während

des Films im Kino stattfinden können. Und dann wäre ich aufgeflogen! Also es ist ein Wahnsinn… Aber man kann es vielleicht verstehen: Ein junges Menschenkind möchte leben, möchte wie andere mal ins Kino gehen, selbst wenn's der größte Blödsinn ist. Und ich wollte eben auch einmal – ich wollte ins Kino gehen!"
– Gisela Jacobius

Auf der Rückseite der Biografie-Karte befinden sich drei Fragen, die als Impulse für die weitere Reflexion dienen können. Die erste Frage bezieht sich auf die Text- oder Bildquelle und soll zu einem besseren Verständnis beitragen, die zweite Frage zielt auf den Vergleich zu der Lebenswelt der Kinder ab und die dritte didaktische Frage setzt die Aussagen der sieben Zeitzeug*innen in Beziehung zueinander und soll Gemeinsamkeiten und Unterschiede sichtbar machen (vgl. Nahm et al. 2014, S. 14). Die Schüler*innen sollen sich zunächst individuell mit ihrer Biografie-Karte auseinandersetzen und sich über die ersten zwei Fragen zunächst allein Gedanken machen, bevor sie sich darüber in ihrer Expertengruppe austauschen. Der dafür entworfene „Spickzettel" (Anhang B) bietet genügend Platz für Notizen und soll den Kindern durch die Zuordnung zur Experten- und Personengruppe während der verschiedenen Unterrichtsphasen Orientierung bieten. Im Anschluss an diese individuelle Auseinandersetzung finden die Kinder sich in ihrer Expertengruppe zusammen. Jedes Kind in der Expertengruppe hat eine andere Biografie-Karte und daher andere Informationen erhalten. Die Schüler*innen stellen sich innerhalb ihrer Expertengruppe gegenseitig vor, was sie über das Leben ihrer Person in der gemeinsamen Kategorie, zum Beispiel „Spielen & Besonderheiten", rausgefunden haben. Dafür können sie die Notizen, die sie sich während der Einzelarbeitsphase gemacht haben, nutzen. Im nächsten Schritt können die Kinder mithilfe der Fragen auf der Rückseite die Erlebnisse und Erzählungen ihrer Personen vergleichen. Aufgabe in der Expertengruppe ist es zunächst, die eigene Biografie-Karte vorzustellen und sich im Anschluss mit den anderen Kindern darüber auszutauschen. Als Diskussionsimpulse bieten sich dafür die Fragen auf der Rückseite der Biografie-Karte an (vgl. Anne Frank Zentrum 2014a).

Die Kinder bekommen so einen Eindruck über ähnliche und teilweise völlig unterschiedliche Erfahrungen, die jüdische Kinder zu Beginn des Nationalsozialismus gemacht haben. Dadurch werden die gesellschaftlich stigmatisierten Vorstellungsbilder über „Juden als Nicht-Deutsch" „Juden als Fremde" und „Juden als Opfergruppe" brüchig und hinterfragt. Die Kinder entdecken sowohl Gemeinsamkeiten als auch Unterschiede innerhalb der Kategorien und suchen nach ähnlichen Situationen in ihrer Lebenswelt. Darüber hinaus werden die Schüler*innen bei einigen Biografie-Karten dazu angeregt, einen Transfer zu den Kinderrechten herzustellen. In jeder Gruppe gibt es mindestens eine Biografie-Karte, die explizit mit einem Artikel der UN-Kinderrechtskonvention in Verbindung gebracht wird. Wichtig ist, dass in jeder Expertengruppe jedes Kind seine Ergebnisse aus der ersten Phase vorstellt und es im Anschluss zum Austausch über mindestens zwei der Reflexionsfragen kommt (mindestens eine Reflexion, die den Vergleich mit den Erlebnissen der Überlebenden anregt und ein Vergleich mit der eigenen Lebenswelt und/oder Bezug zu den Kinderrechten). Feedback, ob die erste Gruppenphase funktioniert hat, erhält die Lehrperson durch die einzelnen Berichterstatter*innen der Expertengruppen.

4.3.3 Erarbeitungsphase 2: Arbeit in „Personengruppe"

Im Anschluss an diese erste Gruppenphase finden die Kinder sich in ihrer Personengruppe ein. Jedes Kind in der Personengruppe hat sich zuvor in der Expertengruppe mit einer anderen Kategorie auseinandergesetzt. Die Kinder in derselben Personengruppe (z.B. Hans-Rosenthal-Gruppe) sind folglich alle Expertinnen und Experten zu einer unterschiedlichen Kategorie. Alle Kinder haben somit ein unterschiedliches Vorwissen über die Person. Die Herausforderung besteht nun darin, als Gruppe gemeinsam herauszufinden, „Wer war Hans Rosenthal?" oder „Wer war Ruth Recknagel?". Dabei reicht es nicht zu wissen, dass Hans gerne ‚geknödelt' (berlinerisch für Fußball spielen) hat und Hertha-BSC-Fan war, sondern auch Hans Erinnerungen an das Familienleben und seine Schulzeit tragen zum besseren Verständnis bei, wie Hans damals gelebt hat. Jede Personengruppe bekommt dazu eine Materialmappe zu der betreffenden Person, diese enthält:

- Steckbrief „Wer war Isaak/Ruth/…"
- Schulfoto des*der Zeitzeug*in aus dem Einstiegsimpuls in DIN-A4-Format
- Zusätzlich drei bis vier Biografie-Karten, darunter die Verlustkarte, aber auch eine schöne Erinnerung, wie z.B. die Einschulung
- Vorbereitetes „geteiltes Blatt" mit Leitfragen im mittleren Feld

Aufgabe in der Personengruppe ist es, die unterschiedlichen Informationen zusammenzutragen, mit dem Ziel, den Mitschüler*innen diese Person vorzustellen.[12] Diesmal ist das Vorgehen anders als in der ersten Gruppenphase und die Kommunikation zwischen den Gruppenmitgliedern verlagert sich ins Schriftliche, um die Aufmerksamkeitsspanne des aktiven Zuhörens bei den Schüler*innen nicht zu überspannen. In den ersten 10 Minuten der zweiten Gruppenphase bekommt jedes Gruppenmitglied Zeit, um sich zunächst individuell das Material anzuschauen und sich Stichpunkte auf dem Steckbrief zu notieren. „Murmelphasen" mit den Sitznachbar*innen, um eventuell aufkom-

12 Zur Vorbereitung dieser Präsentation bekommen die Schüler*innen ausreichend Zeit in den zwei bis drei nachfolgenden Sachunterrichtsstunden. Denkbar ist auch ein fächerübergreifendes Projekt mit beispielsweise Recherchemöglichkeiten im Medienunterricht und Texte schreiben im Deutschunterricht.

mende Fragen und Unklarheiten zu klären, sind dabei erlaubt. Nach diesen 10 Minuten Zeit für die individuelle Auseinandersetzung ertönt ein akustisches Signal, um diese Phase zu beenden. Dabei ist es irrelevant, ob alle Kinder alle Informationen zur Kenntnis genommen haben. In einem zweiten Schritt überlegen die Schüler*innen nun gemeinsam, was die anderen Kinder aus der Klasse über diese Person lernen sollen. Dazu dienen folgende Leitfragen:

- Was sollen alle Kinder aus der Klasse über unsere Person lernen?
- Welche Information findest Du besonders wichtig/spannend oder interessant?
- Gibt es eine Erinnerung, die Du besonders schön fandest? Oder die Dich besonders beeindruckt oder berührt hat?
- Gibt es noch Fragen/Unklarheiten/Dinge, die Du gerne noch erfahren möchtest? Wenn ja, welche?
- Was würdet ihr eurer Person sagen, wenn ihr sie treffen würdet?

4.3.4 Ergebnissicherung und Reflexion

Die Ideen der Schüler*innen werden auf dem „geteilten Blatt" gesammelt. Methodisch wird dabei wie beim „4er-Skript" vorgegangen, da jedes Kind zunächst die eigenen Ideen auf ein Feld schreibt (Scholz 2020, S. 27). Nach der vorgegebenen Zeit wird dann das Blatt im Uhrzeigersinn weitergedreht und jedes Kind liest und kommentiert die Ideen der Mitschüler*innen. Ziel der Methode ist es, die Ideen zu finden, die am meisten Zustimmung bekommen. Dazu nimmt jedes Kind einen anderen Buntstift und bewertet die Ideen mit „1." (find ich am besten), „2." (am zweitbesten), „3.; 4.; [usw.]", dabei ist jede Zahl nur einmal zu vergeben. Nachdem alle Gruppenmitglieder alle Ideen gelesen und bewertet haben, stellt jedes Kind der Reihe nach seine eigene Idee vor, die am besten (also in der Summe der Bewertungen am niedrigsten) abgeschnitten hat. Dieses Entscheidungsverfahren soll sicherstellen, dass am Ende von jedem Kind eine Idee übernommen wird und zwar genau die Idee, die von den anderen Gruppenmitgliedern am meisten Zustimmung erhält. Die Skripte dienen gleichzeitig der Ergebnissicherung und als Ausgangslage für die nächste Sachunterrichtsstunde. Falls einzelne Unterrichtsphasen mehr Zeit als vorgesehen in Anspruch nehmen, kann die Methode des „geteilten Blatts" problemlos in die nächste Sachunterrichtsstunde verschoben werden. Wichtiger ist es, die Rückmeldungen der Kinder einzuholen, wie sie mit dem Lernmaterial und der Gruppenarbeit zurechtkamen. Zur Reflexion der Lernprozesse dient zum einen das mündliche Feedback durch die sieben Berichterstatter*innen, zum anderen gibt es die Möglichkeit, in den Pausen offen oder anonym Kritik und Fragen an der leeren Wand im Klassenzimmer zu hinterlassen. Zusätzlich holt die Lehrperson sich am Ende der

Stunde ein Stimmungsbild der gesamten Klasse anhand von drei Feedbackfragen ein:

- „Ich bin gut mit dem Lernmaterial zurechtgekommen“
- „Die Gruppenarbeit hat gut funktioniert“
- „Die Arbeit mit dem Lernmaterial hat mir Spaß gemacht“

Die Schüler*innen halten für das Stimmungsbild nach jeder Aussage entweder eine grüne, gelbe oder rote Karte hoch. Grün signalisiert die vollkommene Zustimmung, gelb bedeutet „teils-teils“ und rot bedeutet „trifft gar nicht zu“. Diese Feedbackmethode ist der Klasse bekannt und jedes Kind lagert in seinem Mäppchen die drei farbigen Karten. Sollten bei einer Aussage auffallend viele gelbe oder rote Stimmkarten erscheinen, kann die Lehrperson nachfragen, was der Grund für das negative Bild ist und dementsprechend die Planungen für die weiteren Unterrichtsstunden anpassen. Voraussetzung dafür ist eine offene Kommunikation und Feedbackkultur, die auf gegenseitigem Vertrauen beruht. Beides sind jedoch Grundvoraussetzungen für eine Holocaust Education in der Grundschule. Man sollte sich bewusst sein, dass dieser Unterricht durchaus komplex ist und hohe Anforderungen an die Selbstständigkeit der Schüler*innen stellt. Ich möchte dieses Kapitel mit einem Zitat von Enzenbach abschließen:

> „Unterricht braucht kognitive Lerninhalte und emotionale Komponenten, wie die Notwendigkeit, die Kinder durch die Wissensvermittlung zu stärken, um dadurch diffusen Ängsten sowie einer möglichen Faszination gegenüber der Person Hitler und der nationalsozialistischen Machtentfaltung zu begegnen“ (Enzenbach 2013, S. 136).

4.4 Ziele des Unterrichts

Detlef Pech fragt provokant, ob die „Auseinandersetzung mit dem Grauen“ überhaupt ein Lernziel braucht und ob man bei dieser Auseinandersetzung Kompetenzen erwerben müsse (vgl. Pech 2006, S. 60). In der Tat ist es schwierig, ein konkretes Lernziel zu formulieren, da in den Unterrichtseinheiten viel Unterschiedliches gelernt werden kann und sich der Lernprozess nicht in Wissensbeständen abfragen lässt. Eine Holocaust Education in der Grundschule hat den Anspruch, einen Beitrag zur Menschenrechts- und Friedensbildung zu leisten und damit auch dem Auftrag der Schule zur Demokratieerziehung gerecht zu werden. Die Ziele der Unterrichtseinheiten gehen Hand in Hand mit den Zielen und allgemeinen Grundsätzen im Beschluss der KMK zur Stärkung der Demokratieerziehung (vgl. Kultusministerkonferenz 2018):

„Zum nicht verhandelbaren Kernbestand der freiheitlich-demokratischen Grundordnung zählen – gerade in Auseinandersetzung mit den nationalsozialistischen Menschheitsverbrechen und ihren Folgen – die Unantastbarkeit der Menschenwürde, die Achtung der Menschenrechte einschließlich der Kinderrechte, das Recht auf freie Entfaltung der Persönlichkeit, Glaubens- und Gewissensfreiheit, die Gleichheit aller Menschen vor dem Gesetz und in allen gesellschaftlichen Institutionen […], zusammenfassend der demokratische Rechtsstaat mit dem Prinzip der Gewaltenteilung" (Kultusministerkonferenz 2018, S. 3).

Übergeordnetes Ziel ist es, historisch-politische Urteilsfähigkeit und demokratische Handlungsfähigkeit zu entwickeln (vgl. ebd. S. 4). Zum Demokratielernen gehört die Fähigkeit, die Position eines anderen nachzuvollziehen, zu verstehen und zu reflektieren (ebd. S. 5). Diese Fähigkeiten werden in den einzelnen Unterrichtseinheiten, insbesondere bei der Auseinandersetzung mit den Biografien, gefördert. Die Schüler*innen üben sich im Perspektivenwechsel, versuchen, sich in die Situationen der Überlebenden hineinzuversetzen und bilden ihre Empathiefähigkeit aus, die grundlegend für spätere politische Urteilsfähigkeit ist. Darüber hinaus stellen sie einen Transfer zu ihrer heutigen Lebenswelt her. Sie vergleichen die Situation von Kindheit früher mit der Kindheit heute, stellen selbstständig Fragen an den Lerngegenstand, recherchieren, reflektieren und setzen sich individuell und gemeinsam mit den Geschichten auseinander. Zahlreiche inhalts- und prozessbezogene Kompetenzen aus dem Bildungsplan Sachunterricht, die hier kurz aufgelistet werden sollen, werden dabei ebenfalls gefördert und weiterausgebildet. Folgende prozessbezogene Kompetenzen sind zu nennen (Ministerium für Kultus, Jugend und Sport Baden-Württemberg 2016, S. 9):

Welt erleben und wahrnehmen: „[…] Sie [die Schülerinnen und Schüler] nehmen sich und die Welt differenziert wahr. Sie entwickeln Sensibilität, Offenheit, Interesse und Neugier gegenüber der Welt. […]".

Welt erkunden und verstehen: „Die Schülerinnen und Schüler können 1. Erfahrungen vergleichen, ordnen und auf unterschiedliche Kontexte beziehen (zum Beispiel in Bezug auf […], Zeitgefühl und Zeitbewusstsein, die eigene Biografie, Vielfalt und Unterschiedlichkeit von Gegenwärtigem und Vergangenem). 2. Methoden der Welterkundung und Erkenntnisgewinnung anwenden (zum Beispiel betrachten, beobachten, modellieren, recherchieren, […])."

Kommunizieren und sich verständigen: „Die Schülerinnen und Schüler lernen in der Kommunikation mit anderen deren Meinung, Erfahrungen, Erkenntnisse, Interessen und Emotionen kennen sowie ihre eigenen darzustellen. Sie können unter Einbezug verschiedener Ausdrucksformen konstruktiv mit anderen kommunizieren sowie kooperativ arbeiten." (ebd. S. 10).

Reflektieren und sich positionieren: „Sie [die Schülerinnen und Schüler] können eigene Arbeitsergebnisse darstellen, die anderer akzeptieren und diese sachbezogen und differenziert bewerten. Dabei wenden sie erworbene Kenntnisse, Fähigkeiten und Fertigkeiten in Diskussions- und Reflexionsphasen an. [...].

Die Schülerinnen und Schüler können [...] 2. Empathiefähigkeit entwickeln und Perspektivwechsel vornehmen (zum Beispiel durch das Hineinversetzen in andere Meinungen und Auffassungen – gegenwärtig und vergangen –, im Erleben von Vielfalt als Normalität, in der gelebten Inklusion, in der Auseinandersetzung mit dem „Anderssein", mit Grund- und Kinderrechten, mit Tieren, durch Verhalten und Rücksichtnahme im Straßenverkehr, mit unterschiedlichen gegenwärtigen und vergangenen Lebenswelten und -formen)" (ebd. S. 12).

Darüber hinaus werden folgende **inhaltsbezogene Kompetenzen** während der Unterrichtseinheit gefördert:

Leben in Gemeinschaft: „Die Schülerinnen und Schüler können [...] (3) Mechanismen der Ausgrenzung und Gewalt als Form des Machtmissbrauchs in verschiedenen Formen erkennen und adäquat darauf reagieren (zum Beispiel Demütigung, Beschimpfung, diskriminierende Sprachverwendung, Ausgrenzung, Mobbing, Missbrauch)." (ebd. S. 32).

Kultur und Vielfalt: „Die Schülerinnen und Schüler können [...] (3) unterschiedliche Auffassungen von „Heimat" und „Fremde" beschreiben und Beispiele dafür nennen (4) [und] anhand konkreter Beispiele Gründe und Konsequenzen von Migration beschreiben." (ebd. S. 35).

Politik und Zeitgeschehen: „Die Schülerinnen und Schüler können zentrale ausgewählte Grund- und Kinderrechte beschreiben und auf konkrete Situationen in Deutschland und in anderen Ländern übertragen" (ebd. S. 37).

Die Thematisierung von Einzelschicksalen jüdischer Kinder in der Zeit des Nationalsozialismus bildet darüber hinaus einen wichtigen Beitrag zur „Menschenrechts- und Friedenspädagogik" und wird damit der fächerübergreifenden Leitperspektive „Bildung für Toleranz, Akzeptanz und Vielfalt" gerecht (vgl. ebd. S. 4).

5 Fazit

Die Antwort auf die Frage nach einer möglichen Thematisierung der NS-Zeit und des Holocaust kann auch nach intensiver Auseinandersetzung nicht allgemeingültig beantwortet werden, denn die Entscheidung für eine Thematisierung mit jungen Lernenden ist, zumindest solange der Bildungsplan nichts anderes vorgibt, immer von der Lerngruppe abhängig. Ein sozialwissenschaftlicher Sachunterricht braucht immer eine Schüler*innenorientierung und muss auch situationsorientiert aktuelle Ereignisse und Fragen aus der Lebenswelt der Lernenden aufgreifen. Zur Legitimation einer Holocaust Education mit jungen Lernenden braucht es keine Extremsituationen wie Hakenkreuzschmierereien auf dem Schulhof, ausländerfeindliche Äußerungen oder gar offene Verherrlichungen Adolf Hitlers, wie dies bei Rohrbach 1994 der Fall war (Rohrbach 2005, S. 298). Aktuelle politischen Ereignisse wie der Anschlag auf die Synagoge in Halle, der Anstieg antisemitischer Gewalttaten sowie der erstarkende Geschichtsrevisionismus, der auch in Holocaustverharmlosungen auf Querdenker-Demonstrationen und Äußerungen von AfD-Abgeordneten sichtbar wird, zeigen, wie hochaktuell und politisch der Umgang mit der NS-Vergangenheit nach wie vor ist (Kapitel 2.1). Für eine Thematisierung im Unterricht ist das Vorwissen und Interesse der Kinder entscheidend und ausschlaggebend. Die Ergebnisse der Studien (Kapitel 2.5) zeigen, dass die meisten Dritt- und Viertklässler*innen bereits großes Interesse und Vorwissen, aber ebenso Fehlvorstellungen zu dieser Zeit haben. Es ist anzunehmen, dass durch die Digitalisierung sowie die zunehmenden medialen Angebote im Bereich der politischen Bildung für Kinder (Kapitel 1.4) diese Befunde heutzutage noch eindeutiger ausfallen dürften. Wie der fachdidaktische Diskurs Mitte der 1990er-Jahre gezeigt hat, liegt die Herausforderung einer Holocaust Education nicht in deren Begründung, sondern in deren Umsetzung. Eine Lehrperson, die sich für eine Thematisierung entscheidet, steht vor den schwierigen Entscheidungen über die Lerninhalte und die methodisch-didaktische Herangehensweise. Eine Orientierung für die Unterrichtsplanung bieten die von Becher identifizierten Schlüsselkategorien kindlicher Vorstellungen zum Lerngegenstand (Becher 2009, S. 225). Es gilt aufzuzeigen, dass es neben Hitler auf allen gesellschaftlichen Ebenen Täter*innen, Mitläufer*innen, Zuschauer*innen, Opfer und auch Helfer*innen gegeben hat (vgl. ebd. S. 228). Die Vielfalt menschlicher Handlungsoptionen ist in den Mittelpunkt des Unterrichts zu stellen (vgl. ebd.). Dies geschieht z. B. anhand der Biografie-Karten, die das soziale und politische Umfeld sieben verschiedener Individuen aufzeigen und dadurch die gesellschaftliche

Perspektive widerspiegeln (Kapitel 4.2). Durch Begegnungen mit den Lebenssituationen von Zeitzeug*innen können elementare Einsichten und Erkenntnisse darüber gewonnen werden, wie politische Entscheidungen und Ereignisse Auswirkungen auf das alltägliche Leben aller Menschen, auch auf das von Kindern, haben (vgl. Becher 2009, S. 230). Dies bietet den Schüler*innen Gelegenheit, eigene Positionen zu damaligen, gegenwärtigen und zukünftigen gesellschaftlichen Partizipationsmöglichkeiten herauszuarbeiten (vgl. ebd. S. 231). Dadurch werden auch die Vorstellungen der Alleinverantwortlichkeit Adolf Hitlers und andere problematische Deutungsmuster hinterfragt. Wichtig für eine Thematisierung ist auch, dass es zu keiner einseitigen Zuschreibung des Judentums kommt und die Kinder dem Thema Judentum nicht nur in Verbindung mit der Opferrolle im Nationalsozialismus begegnen. In diesem Jahr wird in Deutschland 1700 Jahre jüdisches Leben gefeiert, dieses Jubiläumsjahr kann zum Anlass genommen werden, um regionales jüdisches Leben kennenzulernen und den stereotypischen Blick auf „die Juden" zu hinterfragen. Allgemein gilt, dass die grundlegenden Bedingungen für eine kindgerechte Thematisierung beachtet werden müssen und nicht unüberlegt schockierende Fotos aus Konzentrationslagern gezeigt werden (Kapitel 3.2). Die veröffentlichten Erfahrungsberichte und Forschungsergebnisse zeigen, dass junge Lernende durchaus in der Lage sind, sich mit der Zeit des Nationalsozialismus und dem Holocaust auseinanderzusetzen. Dabei hat sich vor allem das Lernen an Biografien und der Ansatz der kognitiven Empathie bewährt. Durch die Beschäftigung mit Einzelschicksalen, die positive Identifikationsmöglichkeiten durch gemeinsame Interessen, ähnliches Alter der Lernenden und regionale Bezüge sowie den stabilitätssichernden Wissensfaktor, dass die Person überlebt hat, bieten, ist eine Annäherung an dieses Kapitel der Vergangenheit möglich, die außerdem erlaubt, Vergleiche zur Lebenswelt der Lernenden herzustellen. Bei einer Holocaust Education geht es nicht um eine „Schockpädagogik" oder einen moralisierenden Zeigefinger, der die damaligen Täter*innen alle als böse kennzeichnet. Vielmehr braucht es einen differenzierenden und mehrperspektivischen Blick im Sinne einer „neuen Erinnerungskultur", wie sie von Giesecke und Welzer (2012, S. 49) gefordert wird, die ein historisch-politisches Lernen ermöglicht. Diese beinhaltet das Aufzeigen von Mechanismen der Ausgrenzung, die von Kindern wahrgenommen und reflektiert werden können. Auch mit jungen Lernenden kann gemeinsam erarbeitet werden, wie es von einer brüchigen Demokratie zur NS-Diktatur kommen konnte. Dabei werden politische Fachkonzepte wie Staat, Macht, Öffentlichkeit, Parteien, Grundrechte und Demokratie kennengelernt. Beim gemeinsamen Reflektieren kann und soll zudem immer wieder Bezug zur Gegenwart hergestellt werden. Ein reflexiver und kritischer Umgang mit Geschichte ist auch schon mit jungen Lernenden möglich und leistet einen wichtigen Beitrag zur Demokratieerziehung. Richtungsweisend sind dabei die Richtlinien der KMK im Beschluss „Erinnern für die Zukunft", in der die Bedeutung einer reflexiven Auseinandersetzung mit Nationalsozialismus und Holocaust auch im Sinne des Demokratie-Lernens betont wird (Kultusministerkonferenz 2014, S. 6). Ein Ernstnehmen der politischen Bildung in der Grundschule verlangt auch eine stetige Weiterentwicklung an Konzeptionen des politischen Lernens in der Grundschule, die immer noch als „nicht zufriedenstellend" bemängelt werden (Richter 2013, S. 173). Es darf die optimistische Prognose gestellt werden, dass sich dies zukünftig ändern wird, wenn die Beschlüsse der KMK auf landespolitischer und schulstruktureller Ebene umgesetzt werden, so dass eine Stärkung des Demokratielernens an Schulen erfolgt, die auch die Bedeutung des politikwissenschaftlichen Sachunterrichts an Grundschulen steigern würde (Kultusministerkonferenz 2018, S. 9). Momentan braucht es viel Mut und Offenheit von Seiten der Lehrperson, um Lerngegenstände aus dem Bereich der historisch-politischen Bildung in der Grundschule zu behandeln, solange diese nicht fest im Lehrplan verankert sind. Für eine kindgerechte Thematisierung des Holocaust und der NS-Zeit, die den jungen Lernenden sowie dem Lerngegenstand gerecht werden, braucht es zudem Möglichkeiten zum Erfahrungsaustausch sowie Fort- und Weiterbildungen durch außerschulische Expert*innen der Erinnerungspädagogik wie sie beispielsweise vom *Anne Frank Zentrum* in Berlin, *Erinnern.at* oder *Yad Vashem* angeboten werden. Darüber hinaus braucht es eine grundsätzliche Bereitschaft von Seiten der Lehrperson und den Schulen, sich über eine mögliche Thematisierung Gedanken zu machen, denn es gibt Situationen, die eine Thematisierung notwendig machen: Wenn die Schüler*innen von sich aus Interesse zeigen, mit Fragen in die Schule kommen, weil sie verunsichert wurden durch Bilder, die sie im Fernsehen gesehen haben oder Beiträge aus dem Internet. Wenn sie einem Gespräch von Erwachsenen oder älteren Geschwistern lauschen oder wenn es in der eigenen Stadt zu antisemitischen Anschlägen oder Neonaziaufmärschen kommt. Wenn auf Demonstrationen mit Holocaustvergleichen gearbeitet wird oder wenn das Wort „Jude" als Schimpfwort im Klassenzimmer kursiert, dann ist der Holocaust und die nationalsozialistische Vergangenheit in der Lebenswelt der Kinder sichtbar und die Schule steht in der Verpflichtung, die Kinder zu unterstützen, diese Ereignisse und Erfahrungen einzuordnen und demokratische Werte und Haltungen zu fördern, die sich aus den Grund- und Menschenrechten ableiten lassen.

Literaturverzeichnis

Abram, Ido; Mooren, Piet (1998): Erziehung nach Auschwitz … mit und ohne Auschwitz? Eine Aufgabe für Kindergarten und Grundschule. In: Matthias Heyl und Jürgen Moysich (Hg.): Der Holocaust: ein Thema für Kindergarten und Grundschule? Internationale Tagung „Der Holocaust – ein Thema für Kindergarten und Grundschule?". Hamburg, Juni 1997. Hamburg: Krämer, S. 93–109.

Anne Frank Zentrum (Hg.) (2009): Projektdokumentation: Nicht in die Schultüte gelegt. Schicksale jüdischer Kinder 1933–1942 in Berlin. Ein Projekt mit Berliner Grundschulklassen. Unter Mitarbeit von Ariane Karbe und Carolyn Naumann. Online verfügbar unter https://www.annefrank.de/fileadmin/Redaktion/Themenfelder/Geschichte_vermitteln/Dokumente/Nicht_in_die_Schultuete_gelegt_Projektdokumentation_2009.pdf, zuletzt geprüft am 05.01.2021.

Anne Frank Zentrum (2014a): Modul für interaktive Whiteboards. Lernmaterial für Kinder ab 10 Jahren. Berlin. Online verfügbar unter https://www.annefrank.de/cake/whiteboard/a3.html, zuletzt geprüft am 05.01.2021.

Anne Frank Zentrum (2014b): Nicht in die Schultüte gelegt. Schicksale jüdischer Kinder 1933–1942 in Berlin. Ein Lernmaterial zu historischem Lernen und Kinderrechten. Berlin: Metropol.

Anne Frank Zentrum (2014c): Pädagogische Handreichung. Nicht in die Schultüte gelegt. Schicksale jüdischer Kinder 1933–1942 in Berlin. Ein Lernmaterial zu historischem Lernen und Kinderrechten. Berlin: Metropol.

Asal, Katrin; Burth, Hans-Peter (2016): Schülervorstellungen Zur Politik in der Grundschule. Lebensweltliche Rahmenbedingungen, politische Inhalte und didaktische Relevanz. eine theoriegeleitete empirische Studie. Leverkusen-Opladen: Budrich UniPress Limited.

Assmann, Aleida (2013): Die Erinnerung an den Holocaust. Vergangenheit und Zukunft. In: Hanns-Fred Rathenow, Norbert H. Weber und Birgit Wenzel (Hg.): Handbuch Nationalsozialismus und Holocaust. Historisch-politisches Lernen in Schule, außerschulischer Bildung und Lehrerbildung. Schwalbach: Wochenschau (Reihe Politik und Bildung, 66), S. 67–78.

Baar, Robert (2014): Erkläre, was Familie ist! Präkonzepte von Kindern im sozialwissenschaftlichen Sachunterricht. In: Bärbel Kopp, Sabine Martschinke, Meike Munser-Kiefer, Michael Haider, Eva-Maria Kirschhock, Gwendo Ranger und Günter Renner (Hg.): Individuelle Förderung und Lernen in der Gemeinschaft. Wiesbaden: Springer VS (Jahrbuch Grundschulforschung, 17), S. 246–249.

Baumgardt, Iris (2013): Politische Bildung im Sachunterricht. In: Hans-Joachim Fischer, Hartmut Giest und Detlef Pech (Hg.): Der Sachunterricht und seine Didaktik. Bestände prüfen und Perspektiven entwickeln. Bad Heilbrunn: Klinkhardt (Probleme und Perspektiven des Sachunterrichts, 23), S. 181–186.

Becher, Andrea (2009): Die Zeit des Holocaust in Vorstellungen von Grundschulkindern. Eine empirische Untersuchung im Kontext von Holocaust education. Zugl.:

Oldenburg, Univ., Diss., 2008. 1. Aufl. Oldenburg: Didaktisches Zentrum Carl-von-Ossietzky-Univ (Beiträge zur didaktischen Rekonstruktion, 25).

Becher, Andrea (2015): Erinnerungskultur gestalten. Zugänge zur Thematisierung von Holocaust und Nationalsozialismus im (Sach-)Unterricht. In: *Grundschule Sachunterricht* (3), S. 13–17. Online verfügbar unter https://www.annefrank.de/fileadmin/Redaktion/Themenfelder/Geschichte_vermitteln/Dokumente/150910_Becher_in_Zeitschrift_Gs_Sachunterricht_2015_3.pdf, zuletzt geprüft am 01.12.2020.

Becher, Andrea; Gläser, Eva (2020): Politische Bildung im Sachunterricht: Theoretische Begründungen, historische Bezüge und grundlegende Konzeptionen. In: Achim Albrecht, Gesine Bade, Andreas Eis, Uwe Jakubczyk und Bernd Overwien (Hg.): Jetzt erst recht: Politische Bildung! Bestandsaufnahme und bildungspolitische Forderungen. Frankfurt am Main: Wochenschau, S. 45–61.

Beck, Gertrud (1990): Sach- und Machbuch. Für den Sachunterricht in der Grundschule. 4. Schuljahr, Frankfurt am Main: Cornelsen.

Beck, Gertrud (1996): Holocaust als Thema in der Grundschule. In: Die Grundschulzeitschrift, 10, S. 11-17.

Beck, Gertrud (1998): Der Holocaust als Thema für die Grundschule. In: Matthias Heyl und Jürgen Moysich (Hg.): Der Holocaust: ein Thema für Kindergarten und Grundschule? Internationale Tagung „Der Holocaust – ein Thema für Kindergarten und Grundschule?“. Hamburg, Juni 1997. Hamburg: Krämer, S. 110–119.

Bejarano, Esther (2020): Offener Brief an die Regierenden und alle Menschen, die aus der Geschichte lernen wollen. Hg. v. Auschwitz-Kommitee in der Bundesrepublik Deutschland e.V. Online verfügbar unter https://www.auschwitz-komitee.de/offener-brief-an-die-regierenden-und-alle-menschen-die-aus-der-geschichte-lernen-wollen/, zuletzt geprüft am 16.12.2020.

Brumm, Felix (2020): Die Deutschen und der Holocaust. Schluss mit Schlussstrich? ZDF, 05.12.2020. Online verfügbar unter https://www.zdf.de/dokumentation/zdfinfo-doku/die-deutschen-und-der-holocaust-schluss-mit-schlussstrich-102.html, zuletzt geprüft am 15.12.2020.

Brüning, Christina Isabel (2018): Holocaust Education in der heterogenen Gesellschaft. Eine Studie zum Einsatz videographierter Zeugnisse von Überlebenden der nationalsozialistischen Genozide im Unterricht. Frankfurt am Main: Wochenschau.

Bundeszentrale für politische Bildung (2017): 27. Januar: Gedenken an die Opfer des Nationalsozialismus. Online verfügbar unter https://www.bpb.de/politik/hintergrund-aktuell/241450/holocaust-gedenktag, zuletzt geprüft am 14.12.2020.

Deckert-Peaceman, Heike (2002): Holocaust als Thema für Grundschulkinder? Ethnographische Feldforschung zur Holocaust Education am Beispiel einer Fallstudie aus dem amerikanischen Grundschulunterricht und ihre Relevanz für die Grundschulpädagogik in Deutschland. Frankfurt am Main, New York: Lang (Europäische Hochschulschriften. Reihe XI, Pädagogik, Bd. 862).

Deckert-Peaceman, Heike (2006): Holocaust – ein Sachunterrichtsthema? In: Detlef Pech, Markus Rauterberg und Katharina Stoklas (Hg.): Möglichkeiten und Relevanz der Auseinandersetzung mit dem Holocaust im Sachunterricht der Grundschule. www.widerstreit-sachunterricht.de (beiheft 3), S. 35–50.

Detjen, Joachim (2013): Politische Bildung: Geschichte und Gegenwart in Deutschland. 2. Auflage. München: Oldenbourg (Lehr- und Handbücher der Politikwissenschaft).

Detjen, Joachim; Massing, Peter; Richter, Dagmar; Weißeno, Georg (2012): Politikkompetenz ein Modell. Wiesbaden: Springer VS.

Dondl, Jakob (2013): Politik-Lernen in der Grundschule. Überlegungen zur politischen Bildung anhand einer Studie zu demokratieorientierten Vorstellungen von Viertklässlern. Zugl.: München, Univ., Diss., 2011 u.d.T.: Dondl, Jakob: Demokratieorientierte Vorstellungen von Viertklässlern. Bad Heilbrunn: Klinkhardt (Klinkhardt).

Dudenredaktion (Hg.): Nationalsozialismus, Duden online. Online verfügbar unter https://www.duden.de/rechtschreibung/Nationalsozialismus, zuletzt geprüft am 12.01.2021.

Ekman, Paul (2004): Gefühle lesen. Wie Sie Emotionen erkennen und richtig interpretieren. Aus dem Englischen übersetzt von Susanne Kuhlmann-Krieg. 1. Aufl. München: Elsevier Spektrum Akad.-Verl.

Enzenbach, Isabel (2011): Klischees im frühen historischen Lernen. Jüdische Geschichte und Gegenwart, Nationalsozialismus und Judenfeindschaft im Grundschulunterricht. Berlin: Metropol (Zentrum für Antisemitismusforschung, 79).

Enzenbach, Isabel (2013): Frühes historisches Lernen. Jüdische Geschichte, Nationalsozialismus und nationalsozialistische Judenverfolgung. In: Hanns-Fred Rathenow, Norbert H. Weber und Birgit Wenzel (Hg.): Handbuch Nationalsozialismus und Holocaust. Historisch-politisches Lernen in Schule, außerschulischer Bildung und Lehrerbildung. Schwalbach: Wochenschau (Reihe Politik und Bildung, 66), S. 133–147.

Enzenbach, Isabel; Pech, Detlef (2012): Zeitgeschichte thematisieren in der Grundschule. Zum Stand einer Diskussion und ihrer Leerstellen am Beispiel der Thematisierung von Holocaust, Nationalsozialismus und jüdischer Geschichte. In: *Medaon. Magazin für jüdisches Leben in Forschung und Bildung* (11), S. 1–13. Online verfügbar unter https://www.medaon.de/en/artikel/zeitgeschichte-thematisieren-in-der-grundschule-zum-stand-einer-diskussion-und-ihrer-leerstellen-am-beispiel-der-thematisierung-von-holocaust-nationalsozialismus-und-juedischer-geschichte/, zuletzt geprüft am 10.09.2020.

Fischer, Sebastian; Lange, Dirk (2016): Didaktik der Demokratie. Ein demokratiepolitisches Konzept. In: Werner Friedrichs und Dirk Lange (Hg.): Demokratiepolitik. Vermessungen – Anwendungen – Probleme – Perspektiven. Wiesbaden: Springer VS (Bürgerbewusstsein. Schriften zur Politischen Kultur und Politischen Bildung), S. 111–120.

Flügel, Alexandra (2009): "Kinder können das auch schon mal wissen...": Nationalsozialismus und Holocaust im Spiegel kindlicher Reflexions- und Kommunikationsprozesse. Opladen: Budrich.

Gesellschaft für Didaktik des Sachunterrichts (Hg.) (2013): Perspektivrahmen Sachunterricht. Vollständig überarbeitete und erweiterte Ausgabe. Bad Heilbrunn: Klinkhardt.

Giesecke, Dana; Welzer, Harald (2012): Das Menschenmögliche. Zur Renovierung der deutschen Erinnerungskultur. 1. Aufl. Hamburg: edition Körber-Stiftung.

Giest, Hartmut; Richter, Dagmar (2016): Politik – nein danke!? In: Hartmut Giest (Hg.): Zur Didaktik des Sachunterrichts. Aktuelle Probleme, Fragen und Antworten. Berlin: Lehmanns Media, S. 58–64.

Gläser, Eva (2002): Arbeitslosigkeit aus der Perspektive von Kindern. Eine Studie zur didaktischen Relevanz ihrer Alltagstheorien. 1. Aufl. Bad Heilbrunn: Klinkhardt.

Gottfried, Lara M. (2019): Politisches Lernen mit Concept Maps. Ergebnisse einer empirischen Untersuchung von Kindern mit und ohne Migrationshintergrund. [1. Auflage]. Münster: Waxmann.

GRA Stiftung gegen Rassismus und Antisemitismus (2015): Glossar. Holocaust. Online verfügbar unter https://www.gra.ch/bildung/glossar/holocaust/, zuletzt geprüft am 11.01.2021.

Große Kracht, Klaus (2010): Debatte: Der Historikerstreit. Hg. v. Docupedia-Zeitgeschichte. Online verfügbar unter https://zeitgeschichte-digital.de/doks/frontdoor/deliver/index/docId/586/file/docupedia_kracht_historikerstreit_v1_de_2010.pdf, zuletzt geprüft am 11.12.2020.

Hammerstein, Katrin; Hofmann, Birgit (2015): „Wir […] müssen die Vergangenheit annehmen" Richard von Weizsäckers Rede zum Kriegsende 1985. Hg. v. Bundeszentrale für Politische Bildung. Online verfügbar unter https://www.bpb.de/geschichte/zeitgeschichte/deutschlandarchiv/217619/richard-von-weizsaeckers-rede-zum-kriegsende-1985, zuletzt geprüft am 16.01.2021.

Hanfland, Vera (2008): Holocaust – ein Thema für die Grundschule? Eine empirische Untersuchung zum Geschichtsbewusstsein von Viertklässlern. Zugl.: Münster, Univ., Diss., 2006. Berlin: LIT (Geschichtskultur und historisches Lernen, Band 3).

Hartinger, Andreas (2013): Sachunterricht heute – Konzeptionierung und Befunde aus der Forschung. In: Eva Gläser und Gudrun Schönknecht (Hg.): Sachunterricht in der Grundschule. Entwickeln – gestalten – reflektieren. Frankfurt am Main: Grundschulverband (Beiträge zur Reform der Grundschule, Band 136), S. 24–34.

Hartmann, Deborah (2012): Lernen über den Holocaust – Altersspezifische Zugänge und Materialien der Gedenkstätte Yad Vashem in Jerusalem. In: Isabel Enzenbach, Detlef Pech und Christina Klätte (Hg.): Kinder und Zeitgeschichte: Jüdische Geschichte und Gegenwart, Nationalsozialismus und Antisemitismus. www.widerstreit-sachunterricht.de 2012 (Beiheft 8), S. 171–181.

Heidemeyer, Sven; Lange, Dirk (2010): Wie sich Schülerinnen und Schüler Demokratie vorstellen. Zur didaktischen Rekonstruktion von Politikbewusstsein. In: Dirk Lange und Gerhard Himmelmann (Hg.): Demokratiedidaktik. Impulse für die Politische Bildung. Wiesbaden: VS Verlag für Sozialwissenschaften (Bürgerbewusstsein. Schriften zur Politischen Kultur und Politischen Bildung, Band 4), S. 221–240.

Hellmuth, Thomas (2014): Historisch-politische Sinnbildung. Geschichte – Geschichtsdidaktik – politische Bildung. Schwalbach: Wochenschau.

Hensel, Jana (2018): Opa war kein Held. In: *ZEIT ONLINE*, 03.03.2018. Online verfügbar unter https://www.zeit.de/gesellschaft/zeitgeschehen/2018-03/holocaust-gedenken-nationalsozialismus-erinnerungskultur-essay-jana-hensel/komplettansicht, zuletzt geprüft am 11.01.2021.

Hewera, Birte (2020): Vom Dialog zur Visual History – Zeugnisse der Shoah im Wandel. Vortrag im Rahmen des Online-Seminars von Yad Vashem und_ erinnern.at_. Zeugenschaft in der Bildungsarbeit. Yad Vashem und *erinnern.at*, 13.10.2020.

Heyl, Matthias (1998): „Nein, aber …“ oder: Warum? In: Matthias Heyl und Jürgen Moysich (Hg.): Der Holocaust: ein Thema für Kindergarten und Grundschule? Internationale Tagung „Der Holocaust – ein Thema für Kindergarten und Grundschule?“. Hamburg, Juni 1997. Hamburg: Krämer, S. 120–141.

Heyl, Matthias; Moysich, Jürgen (Hg.) (1998): Der Holocaust: ein Thema für Kindergarten und Grundschule? Internationale Tagung „Der Holocaust – ein Thema für Kindergarten und Grundschule?“. Hamburg, Juni 1997. Hamburg: Krämer.

Internationale Holocaust Gedenkstätte (Hg.) (2020): Die Internationale Schule für Holocaust Studien. Online verfügbar unter https://www.yadvashem.org/de/education/about-school.html.

Juchler, Ingo (2013): Der narrative Ansatz. In: Carl Deichmann und Christian K. Tischner (Hg.): Handbuch Dimensionen und Ansätze in der politischen Bildung. Schwalbach: Wochenschau (Reihe Politik und Bildung, Band 67), S. 273–286.

Kadelbach, Gerd (Hg.) (1970): Theodor W. Adorno. Erziehung zur Mündigkeit. Vorträge und Gespräche mit Hellmut Becker 1959 – 1969. Frankfurt am Main: Suhrkamp.

Kallweit, Nina (2019): Kindliches Erleben von Krieg und Frieden. Eine phänomenografische Untersuchung im politischen Lernen des Sachunterrichts. Wiesbaden: Springer (Reihe Sachlernen und kindliche Bildung – Bedingungen, Strukturen, Kontexte).

Kingreen, Monica (2012): Zehn Grundsätze zur Thematisierung von jüdischem Leben und von Verfolgung in der NS-Zeit mit Kindern im Alter von neun bis zwölf Jahren. In: Isabel Enzenbach, Detlef Pech und Christina Klätte (Hg.): Kinder und Zeitgeschichte: Jüdische Geschichte und Gegenwart, Nationalsozialismus und Antisemitismus. www.widerstreit-sachunterricht.de 2012 (Beiheft 8), S. 151–162.

Klafki, Wolfgang (2007): Neue Studien zur Bildungstheorie und Didaktik: zeitgemäße Allgemeinbildung und kritisch-konstruktive Didaktik. 6., neu ausgestattete Auflage. Weinheim: Beltz.

Klätte, Christina (2012a): Frühes historisches Lernen über Nationalsozialismus und Judenverfolgung. Familiäre Bedingungen, Interessen und Wissenserwerb bei Viertklässlern. In: Isabel Enzenbach, Detlef Pech und Christina Klätte (Hg.): Kinder und Zeitgeschichte: Jüdische Geschichte und Gegenwart, Nationalsozialismus und Antisemitismus. www.widerstreit-sachunterricht.de 2012 (Beiheft 8), S. 85–99.

Klätte, Christina (2012b): „Opa hat gegen das Böse gekämpft.“. Kenntnisse von Grundschulkindern über Nationalsozialismus und Judenverfolgung. In: Frank Hellmich, Sabine Förster und Fabian Hoya (Hg.): Bedingungen des Lehrens und Lernens in der Grundschule. Bilanz und Perspektiven. Wiesbaden: Springer VS (Jahrbuch Grundschulforschung, Band 16), S. 253–256.

Kultusministerkonferenz (2005): Unterricht über Nationalsozialismus und Holocaust. Online verfügbar unter https://www.kmk.org/fileadmin/Dateien/pdf/Bildung/AllgBildung/Zusammenfassung-Holocaust-November-05_01.pdf, zuletzt geprüft am 11.01.2021.

Kultusministerkonferenz (2014): Erinnern für die Zukunft. Empfehlungen zur Erinnerungskultur als Gegenstand historisch-politischer Bildung in der Schule. Beschluss der KMK vom 11.12.2014. Online verfügbar unter https://www.kmk.org/fileadmin/Dateien/veroeffentlichungen_beschluesse/2014/2014_12_11-Empfehlung-Erinnerungskultur.pdf.

Kultusministerkonferenz (2018): Demokratie als Ziel, Gegenstand und Praxis historisch-politischer Bildung und Erziehung in der Schule, vom Beschluss der Kultusministerkonferenz vom 06.03.2009 i. d. F. vom 11.10.2018, S. 1–13. Online verfügbar unter https://www.kmk.org/fileadmin/veroeffentlichungen_beschluesse/2009/2009_03_06-Staerkung_Demokratieerziehung.pdf, zuletzt geprüft am 06.01.2020.

Lange, Dirk (2004): Historisch-politische Didaktik. Zur Begründung historisch-politischen Lernens. Schwalbach: Wochenschau (Studien zu Politik und Wissenschaft).

Massing, Peter (2003): Politische Bildung durch historisches Lernen im Sachunterricht. In: Hans-Werner Kuhn (Hg.): Sozialwissenschaftlicher Sachunterricht. Konzepte, Forschungsfelder, Methoden. Ein Reader. Herbolzheim: Centaurus (Schriftenreihe der Pädagogischen Hochschule Freiburg, 15), S. 53–89.

Massing, Peter (2013): Der historische Ansatz als integraler Bestandteil politischer Bildung. In: Carl Deichmann und Christian K. Tischner (Hg.): Handbuch Dimensionen und Ansätze in der politischen Bildung. Schwalbach: Wochenschau (Reihe Politik und Bildung, Band 67), S. 145–156.

Ministerium für Kultus, Jugend und Sport Baden-Württemberg (Hg.) (2016): Sachunterricht. Bildungsplan 2016 Grundschule. Online verfügbar unter http://www.bildungsplaene-bw.de/site/bildungsplan/get/documents/lsbw/export-pdf/depot-pdf/ALLG/BP2016BW_ALLG_GS_SU.pdf, zuletzt geprüft am 17.09.2020.

Mkayton, Noa (2011): „... the great danger is tears ...“ – Die Bedeutung von Empathie und Emotionen im Holocaustunterricht. In: *Zeitschrift für Didaktik der Gesellschaftswissenschaften* 2 (1), S. 28–48.

Nahm, Veronika; Naumann, Carolyn; Pech, Detlef; Wille, Friederike (2014): Pädagogische Handreichung. Nicht in die Schultüte gelegt. Schicksale jüdischer Kinder 1933 – 1942 in Berlin. Ein Lernmaterial zu historischem Lernen und Kinderrechten. Hg. v. Anne Frank Zentrum. Berlin.

National Coalition Deutschland – Netzwerk zur Umsetzung der UN-Kinderrechtskonvention e. V. (2020): Das Übereinkommen über die Rechte des Kindes. Berlin. Online verfügbar unter https://netzwerk-kinderrechte.de/wp-content/uploads/2020/12/NC_ErgBericht_EinfacheSprache_Web.pdf.html, zuletzt geprüft am 16.01.2021.

Oswald, Andreas (2015): „Es gibt keine deutsche Identität ohne Auschwitz“. Joachim Gauck im Bundestag. In: *Der Tagesspiegel*, 27.01.2015. Online verfügbar unter https://www.tagesspiegel.de/politik/joachim-gauck-im-bundestag-es-gibt-keine-deutsche-identitaet-ohne-auschwitz/11285618.html, zuletzt geprüft am 14.12.2020.

Pech, Detlef (2006): unfassbar(,) ungeklärt. Reflexionen über sachunterrichtliche Bedeutungen einer Auseinandersetzung mit dem Holocaust in der Grundschule. In: Detlef Pech, Markus Rauterberg und Katharina Stoklas (Hg.): Möglichkeiten und Relevanz der Auseinandersetzung mit dem Holocaust im Sachunterricht der Grundschule. www.widerstreit-sachunterricht.de (beiheft 3), S. 51–69.

Pech, Detlef (2009): Wirklich mit Kindern? Zum Forschungsstand. In: Anne Frank Zentrum (Hg.): Projektdokumentation: Nicht in die Schultüte gelegt. Schicksale jüdischer Kinder 1933–1942 in Berlin. Ein Projekt mit Berliner Grundschulklassen. Unter Mitarbeit von Ariane Karbe und Carolyn Naumann, S. 11–15. Online verfügbar unter https://www.annefrank.de/fileadmin/Redaktion/Themenfelder/Geschichte_vermitteln/Dokumente/Nicht_in_die_Schultuete_gelegt_Projekt dokumentation_2009.pdf, zuletzt geprüft am 16.01.2021.

Rathenow, Hanns-Fred; Weber, Norbert H. (2005): „Erziehung nach Auschwitz" – eine gesellschaftlich- politische Herausforderung. In: Hanns-Fred Rathenow und Norbert H. Weber (Hg.): Nationalsozialismus und Holocaust. Historisch-politisches Lernen in der Lehrerbildung. Hamburg: Krämer, S. 11–26.

Reeken, Dietmar von (2012): Politisches Lernen im Sachunterricht. Didaktische Grundlegungen und unterrichtspraktische Hinweise. 2., unveränd. Aufl., [Nachdr.]. Baltmannsweiler: Schneider Hohengehren (Dimensionen des Sachunterrichts, 1).

Reeken, Dietmar von (2014): Historisches Lehren und Lernen. In: Andreas Hartinger und Kim Lange (Hg.): Sachunterricht. Didaktik für die Grundschule. Berlin: Cornelsen, S. 98–115.

Reeken, Dietmar von (2017): Historisches Lernen im Sachunterricht. Eine Einführung mit Tipps für den Unterricht. 6. Aufl. Baltmannsweiler: Schneider Hohengehren (Dimensionen des Sachunterrichts, 2).

Richter, Dagmar (2013): Sozialwissenschaftliches Lernen im Sachunterricht – Stand und Ausblick. In: Hans-Joachim Fischer, Hartmut Giest und Detlef Pech (Hg.): Der Sachunterricht und seine Didaktik. Bestände prüfen und Perspektiven entwickeln. Bad Heilbrunn: Klinkhardt (Probleme und Perspektiven des Sachunterrichts, 23), S. 173–180.

Richter, Dagmar (2014): Sozialwissenschaftliches Lehren und Lernen. In: Andreas Hartinger und Kim Lange (Hg.): Sachunterricht. Didaktik für die Grundschule. Berlin: Cornelsen, S. 57–78.

Ritter, Helga; Braun, Silke; Stefanou, Christina; Breitweg Clemens (2020): Voll in Ordnung – unsere Grundrechte. Grundrechtefibel. 5. Auflage. Freiburg: Herder. Online verfügbar unter http://www.grundrechte-fibel.de/fileadmin/publikationen/lehrmittel/gg_fibel/gg_fibel_web.pdf, zuletzt geprüft am 02.01.2021.

Rohrbach, Rita (2005): Nationalsozialismus als Thema im frühen Historischen Lernen – Erfahrungen und Unterrichtsmaterialien. In: Klaus Bergmann und Rita Rohrbach (Hg.): Kinder entdecken Geschichte. Theorie und Praxis historischen Lernens in der Grundschule und im frühen Geschichtsunterricht. Methoden Historischen Lernens. 2. Auflage. Schwalbach: Wochenschau, S. 298–365.

Rottscheidt, Ina (2020): Hygienedemos verbreiten Mythos einer Neuen Weltordnung. Libertärer Antisemitismus. In: *Deutschlandfunk*, 29.05.2020. Online verfügbar unter https://www.deutschlandfunk.de/libertaerer-antisemitismus-hygienedemos-verbreiten-mythos.886.de.html?dram%3Aarticle_id=477618, zuletzt geprüft am 23.12.2020.

Sack, Hilmar (2016): Geschichte im politischen Raum. Theorie – Praxis – Berufsfelder. Tübingen: Francke.

Salzborn, Samuel (2020): Kollektive Unschuld. Die Abwehr der Shoah im deutschen Erinnern. Leipzig: Hentrich&Hentrich.

Scholz, Lothar (2020): Methoden-Kiste. Methoden für Schule und Bildungsarbeit. 9. Auflage. Hg. v. Bundeszentrale für Politische Bildung. Online verfügbar unter https://www.bpb.de/system/files/dokument_pdf/methoden-kiste_aufl9_online.pdf, zuletzt geprüft am 05.01.2020.

Steffens, Gerd; Widmaier, Benedikt (2015): Politische Bildung nach Auschwitz und die Erinnerungskultur heute. Zur Einführung. In: Benedikt Widmaier und Gerd Steffens (Hg.): Politische Bildung nach Auschwitz. Erinnerungsarbeit und Erinnerungskultur heute. Schwalbach: Wochenschau (Non-formale politische Bildung, 7), S. 5–11.

Steinbach, Peter (2015): Nach Auschwitz. Die Konfrontation der Deutschen mit der Judenvernichtung. Bonn: Dietz.

Steinbach, Peter (2016): Geschichtspolitik als Demokratiepolitik. In: Werner Friedrichs und Dirk Lange (Hg.): Demokratiepolitik. Vermessungen – Anwendungen – Probleme – Perspektiven. Wiesbaden: Springer VS (Bürgerbewusstsein. Schriften zur Politischen Kultur und Politischen Bildung), S. 207–228.

Sutor, Bernhard (2002): Politische Bildung im Streit um die „intellektuelle Gründung" der Bundesrepublik Deutschland. Die Kontroversen der siebziger und achtziger Jahre. In: Bundeszentrale für Politische Bildung (Hg.): Aus Politik und Zeitgeschichte. Beilage zur Wochenzeitung DasParlament 11. November 2002 (B45/2002), S. 17–27.

Sutor, Bernhard (2005): Geschichte und politische Bildung. In: Bernhard Sutor und Joachim Detjen (Hg.): Politische Bildung und Praktische Philosophie. Ausgewählte Beiträge zur politischen Bildung. Paderborn, München: Schöningh, S. 329–394.

Ulbricht, Christina (2020): Bildungsangebote zu Nationalsozialismus und Holocaust. Eine empirische Studie zu Reaktionen von Jugendlichen zum pädagogischen Umgang. Zugl.: München, Univ., Diss., 2018. Wiesbaden: Springer VS (Holocaust Education – Historisches Lernen – Menschenrechtsbildung).

USC Shoah Foundation: Dimensions in Testimony. Online verfügbar unter https://sfi.usc.edu/dit, zuletzt geprüft am 05.01.2021.

Wehling, Hans-Georg (1977): Konsens à la Beutelsbach? Nachlese zu einem Expertengespräch. In: Siegfried Schiele, Kurt Gerhard Fischer und Herbert Schneider (Hg.): Das Konsensproblem in der politischen Bildung. Stuttgart: Klett (Anmerkungen und Argumente, 17), S. 173–184.

Wehner, Markus (2020): Befreiung oder „Tag der absoluten Niederlage?". Streit um den 8. Mai. In: *FAZ*, 06.05.2020. Online verfügbar unter https://www.faz.net/aktuell/politik/inland/gauland-zum-8-mai-befreiung-oder-tag-der-absoluten-niederlage-16756628.html, zuletzt geprüft am 10.12.2020.

Weizsäcker, Richard von (1985): Gedenkveranstaltung im Plenarsaal des Deutschen Bundestages zum 40. Jahrestag des Endes des Zweiten Weltkrieges in Europa. Bundespräsident. Bundestag. Bonn, 08.05.1985. Online verfügbar unter https://www.bundespraesident.de/SharedDocs/Reden/DE/Richard-von-Weizsaecker/Reden/1985/05/19850508_Rede.html, zuletzt geprüft am 10.12.2020.

Zentralrat der Juden und Kultusministerkonferenz (2016): Gemeinsame Erklärung des Zentralrats der Juden in Deutschland und der Kultusministerkonferenz zur Vermittlung jüdischer Geschichte, Religion und Kultur in der Schule. Beschluss des Präsidiums des Zentralrats der Juden in Deutschland vom 01.09.2016 und, S. 1–7. Online verfügbar unter https://www.kmk.org/fileadmin/Dateien/pdf/PresseUndAktuelles/2016/2016-12-08_KMK-Zentratrat_Gemeinsame-Erklaerung.pdf, zuletzt geprüft am 10.01.2021.

Anhang

A) Transkription des Interviewauszugs
B) „Spickzettel“ mit Arbeitsaufträgen

QR-Code zur Webseite des Verlages mit dem kostenlosen Download des Anhangs.
https://doi.org/10.3224/96665057A